我的责任

我担当

初中培育学生责任素养的
实践研究

宋朝华　钟海武 / 主编

北京燕山出版社
BEIJING YANSHAN PRESS

图书在版编目（CIP）数据

我的责任我担当：初中培育学生责任素养的实践研究 / 宋朝华，钟海武主编. —— 北京：北京燕山出版社，2020.7

ISBN 978-7-5402-5776-7

Ⅰ.①我… Ⅱ.①宋…②钟… Ⅲ.①责任感—品德教育—教学研究—中学 Ⅳ.①G631

中国版本图书馆CIP数据核字（2020）第126255号

我的责任我担当：初中培育学生责任素养的实践研究

主 编	宋朝华　钟海武	
责任编辑	满 懿	
出版发行	北京燕山出版社	
地 址	北京市丰台区东铁匠营苇子坑138号C座	
电 话	010-65240430	
邮 编	100079	
印 刷	北京政采印刷服务有限公司	
经 销	新华书店	
开 本	170mm×240mm　16 开	
字 数	230千字	
印 张	12.75	
版 次	2022年6月第1版	
印 次	2022年6月第1次印刷	
定 价	45.00元	

编　委　会

在我国历史上，担当精神传承已久，担当教育已成为社会共识。从周易的"天行健，君子以自强不息"，孔子的"知其不可而为之"，孟子的'舍我其谁'，至顾炎武的"天下兴亡，匹夫有责"，周恩来的"为中华之崛起而读书"及至"两弹一星"精神，等等，都是对中华民族勇于承担责任精神的深刻诠释。新时代呼唤堪当大任的新青年。2013年5月4日，习近平在参加"实现中国梦、青春勇担当"主题团日活动中指出："广大青年要勇敢肩负起时代赋予的重任，志存高远，脚踏实地，努力在实现中华民族伟大复兴的中国梦的生动实践中放飞青春梦想。"习近平总书记在党的十九大报告中指出："青年兴则国家兴，青年强则国家强。青年一代有理想、有本领、有担当，国家就有前途，民族就有希望。中华民族伟大复兴的中国梦终将在一代又一代青年的接力奋斗中变为现实。"

2016年9月13日，《中国学生发展核心素养》研究成果在北京正式发布。同时公布了"中国学生发展核心素养"的总体框架，明确了学生发展核心素养主要指学生应具备的、能够适应终身发展和社会发展需要的必备品格和关键能力。基本内容分为人文基础、自主发展、社会参与三个方面，综合素养为人文底蕴、科学精神、学会学习、健康生活、责任担当、实践创新六大素养，具体细化为18个基本要点。这一理论体系是中国当前教育改革不断深化的产物，是教育理论和实践发展的结果。

宋朝华曾主持过广东省教育厅思想政治处的创新项目《学生参与式学校德育管理模式的实践与研究》（2016年已结题），其基本主张是在德育工作中对生源较差的学校主要以培育学生责任担当素养为切入点，提出"学生能想到的事情让学生想，学生能做到的事情让学生做"，强调在学校各项工作和活动中，充分体现学生的主体性，提升学生的独立性和自理能力，从而树立学生的自信和自强精神。

上述课题结题后不久，宋朝华作为广东省百千万名师培养对象参加了广东第二师范学院的研修活动，听了一场左璜博士关于中国学生发展核心素养的专题讲座，深受启发。左璜博士是"中国学生发展核心素养"课题组成员，对此有非常深入的研究和深刻的理解。她的讲座再次激发了宋朝华与课题组成员们基于课题"学生参与式学校德育管理模式的实践与研究"研究成果，进一步深入研究责任担当素养培育的想法。宋朝华经过一年多的准备，于2017年申报的课题"培育学生责任担当素养的实践研究"获广东省教育厅思想政治处的立项。经过一年多的实践研究后，宋朝华与课题组成员们于2018年6月将成果整理成文，汇编成书。

本书主要从学校德育工作的角度出发，对培育责任担当素养的内容、目标、意义、策略和评价等进行梳理与阐述，以学生理解责任担当的意义、具备责任担当的能力和实施责任担当的行为为主线，探索学校培育学生责任担当素养的路径，建构培育责任担当素养的评价体系。

本书共四章，第四章是由宋朝华主持的广东省名教师工作室的成员、学员（广东省青年骨干教师培养对象）以及各学科的优秀教师撰写的案例。这些案例主要是结合学校管理中以培育责任担当素养为目标的案例，以及在学科教学中渗透责任担当意识的案例等。这些案例都来源于一线教育教学实践，鲜活生动且充满教育智慧，值得交流分享，在此对提供案例的优秀同行表示衷心感谢。

优秀案例的作者分别是：刘建庄（珠海市文园中学道德与法治教师）、江守洋［珠海市北京师范大学（珠海）附属高级中学团委书记］、王英（珠海市文园中学语文教师）、孙宇红（珠海市文园中学历史教师）、林艳（珠海市文园中学生物教师）、刘东亮（珠海市文园中学体育教师）、袁素（珠海市文园中学数学教师）、杨海东（珠海市文园中学数学教师）、蔡映红（东莞市长安实验中学数学教师）、程珊珊（珠海市文园中学数学教师）、马欣（珠海市文园中学数学教师）、李磊磊（珠海市第九

中学数学教师）、孙歆（珠海市第九中学化学教师）、翟玲（珠海市文园
中学数学教师）、肖佳惠（珠海市文园中学语文教师）、连枫（珠海市
夏湾中学数学教师）、余冰（珠海市文园中学学生处副主任）、李雄军
（珠海市文园中学原教务处副主任）、李召伟（珠海市文园中学学生处主
任）、张磊（珠海市文园中学道德与法治教师）、李广志（江门市江海区
礼乐中学数学教师）、王泽麟（珠海市文园中学体育教师）。

目录

第一章

基于"中国学生发展核心素养"的责任担当

2017年8月，教育部发布了《中小学德育工作指南》，明确提出中小学德育的总体目标是："培养学生爱党爱国爱人民，增强国家意识和社会责任意识，教育学生理解、认同和拥护国家政治制度，了解中华优秀传统文化和革命文化、社会主义先进文化，增强中国特色社会主义道路自信、理论自信、制度自信、文化自信，引导学生准确理解和把握社会主义核心价值观的深刻内涵和实践要求，养成良好政治素质、道德品质、法治意识和行为习惯，形成积极健康的人格和良好心理品质，促进学生核心素养提升和全面发展，为学生一生成长奠定坚实的思想基础。"

社会性是人的本质属性，道德正是处理人与人、人与社会之间关系的规范，这些规范的确定取决于社会关系中每个人所应承担的责任。所以，德育过程就是引导人们学会承担其在社会中所扮演的角色相应的责任的过程①，因此，康德认为责任是道德的内核。一直以来，我国学校德育工作都以责任教育作为核心内容，随着"责任担当"在中学学生发展核心素养体系中的凸显，责任教育、责任担当核心素养的研究和探索已迎来了一轮新的热潮。

北京师范大学会同多所高校近百位专家，联合开展了为期三年的"学生发展核心素养研究"。其研究的《中国学生发展核心素养》，根本出发点是将党

---

① 刘长海，庚青.培养值得信托的责任公民：学校如何指引学生责任担当［J］.教育科学研究，2017（11）.

的教育方针具体化，落实立德树人根本任务，培养全面发展的人，提升我国21世纪人才核心竞争力。学生发展核心素养，主要是指学生应具备的、能够适应终身发展和社会发展需要的必备品格和关键能力。①

第一节　问题的起源与现状

一、培育责任担当素养的兴起

美国是世界上高度重视青少年责任教育的国家之一，历经两百余年的发展形成了系统完整的责任教育理论，即以国家责任为核心，以提升青少年综合素质为目标，以培育责任行为能力为落脚点，推动责任教育的科学化与规范化。②针对青少年中出现的问题，德国在《联邦德国教育总法》中是这样规定的："培养学生在一个自由、民主和福利的法律社会中，对自己的行为有责任感。"③日本也不例外，其《教育基本法》规定："教育必须着眼于培养健全的人格，以成为和平国家和社会的塑造者，培养尊重个人的尊严、热爱真理与正义、尊重个人价值、重视勤劳与责任、充满自主精神的身心健康的国民。"④这些国家都将"责任"这一素质视为国民教育的目标。

1994年，胡卫在以《学会负责》为题目的报告中指出：中国教育发展中的主要问题之一，就是教育与社会实际相脱离，突出表现在学生缺乏社会责任感，片面强调自我价值，而缺乏热爱家乡、建设家乡的感情，从而提出以"学会负责"作为21世纪中国基础教育中的人道、伦理/道德、文化价值教育选择目

---

① 林崇德.构建中国化的学生发展核心素养 [J].北京师范大学学报（社会科学版）.2017（1）.

② 马静，代玉启.美国青少年责任教育的特点、缺憾与借鉴 [J].学校党建与思想教育，2017（2）.

③ 章泽渊.联邦德国教育学概况 [J].外国教育动态，1985（3）.

④ 范履冰，石连海.日本教育基本法修订对我国教育法修订的启示 [J].国家教育行政学院学报，2010（12）.

标。[①]1994年8月，中共中央印发的《爱国主义教育实施纲要》明确指出，要进行中国国情的教育，使人们"增强使命感和社会责任感"，要进行社会主义民主和法治教育，使人们"增强国家观念和主人翁责任感"，强调大、中、小学校教育要增强学生"对国家的责任感"，"要教育广大青年牢固树立国家主人翁的责任感"。2001年9月，中共中央印发的《公民道德建设实施纲要》强调："引导每个公民自觉履行宪法和法律规定的各项义务，积极承担自己应尽的社会责任。"这是我国将"责任教育"上升到国家意志，纳入国民教育的全过程。

二、初中生责任意识缺失的表现与归因

培育初中生的责任担当素养，不仅是对中华优秀传统文化的传承与发扬，也是冷静思考学校教育面临的现实问题而做出的选择。

（一）初中生责任意识缺失的表现

责任担当主要是学生在处理与社会、国家、国际等关系方面所形成的情感态度、价值取向和行为方式，具体包括社会责任、国家认同、国际理解等基本要点。[②]初中生，正值青春期，人的生长发育的第二个高峰期，开始日益自觉认识和评价自己的个性品质、自己的内心体验或内心世界，从而更能独立地支配和调节自己的活动和行为。但是不少学生却出现了责任意识缺失，主要表现在缺乏社会责任感、缺乏国家认同意识和国际责任意识等方面。

1. 缺乏社会责任感

社会责任反映的是个体与社会的关系，其价值取向是社会的整体利益，当社会需要与一个人的目标利益发生冲突和矛盾时，具有强烈责任感的人会自觉放弃个人利益，服从社会需要，而责任感弱的人，则会自然放弃社会需要而满足个人利益。

我国正处于社会转型的关键时期，出现一定的贫富分化，一部分有经济头脑的人先富起来是非常正常的现象。他们推动社会经济的发展，是有贡献的一批人，社会上也称之为"精英"。随着"精英"的影响力越来越大，他们的人

---

① 胡卫.学会负责——为21世纪中国基础教育中的人道、伦理/道德、文化价值教育选择目标 [J].教育研究，1994（2）

② 核心素养研究课题组.中国学生发展核心素养 [J].中国教育学刊，2016（10）.

生观、价值观就会影响整个社会的价值取向，甚至他们的品德修养、行为准则会决定社会对人的品行的标准。

（1）缺乏自我责任意识

青少年的自我责任意识的重要内容是完成各方面的学习任务。要掌握学科知识，学会运用，培养分析、概括、理解等多项能力，同时在心理、道德、身体等方面培养锻炼自己，形成良好素质，学会对自己负责，自尊、自立、自律、自主、自强，生活上会自理、学习上有追求。在成长中努力把自己塑造成为一个全面健康发展的人，就是对自己负责的表现。但是，现实中初中生的自我责任意识较为缺乏，具体表现为缺乏学习意识、纪律意识、自我保持意识、心理健康意识和坚定的理想信念。

① 学习意识

初中生的重要责任是完成学习任务，掌握学科知识，学会运用，培养分析、概括、理解等能力，为今后的发展打下坚实的基础。但部分初中生在学习上缺乏上进心，没有奋斗目标；对学习没兴趣，上课睡觉或开小差，课后不完成作业，考试放弃答卷；迟到早退旷课，打架斗殴，恃强凌弱；不参加体育锻炼；熬夜玩游戏；对自己的学习、前途、人生等没有思考和规划，每日得过且过，贪图享乐，混日子。

② 纪律意识

培养学生形成纪律意识是学校将学生培养成社会人、合格公民的重要教育内容。而现在有不少学生受到社会多元文化的影响，强调自我意识，以自我为中心，"宽以待己，严以律人"，罔顾纪律规范的要求，小到上课影响课堂纪律，大到触犯国家法律，对自我没有纪律约束，从而偏离正确的方向，在错误的人生道路上越走越远。

③ 自我保护意识

初中生自我意识增强，但成人感、独立性的增加与个人的认知水平、社会活动能力的不足相矛盾，导致自我保护意识不足，能力不强。一些学生为了体现个人所谓的"有胆识"，以挑战规范为自己的能力，明知交通规则规范，但还是要闯红灯、横穿马路、"撒把"骑车等，险象环生；学校反复强调防"溺水"问题，但还是偏要呼朋唤友到非专业的、有安全隐患的水域游泳、玩耍，导致发生安全问题等。另外，还有很多案例，如初中生网络交友，身陷骗局，身心受到伤害；运动过量，导致身体受伤；贪玩好奇，触碰有警示标志的物品，受到伤害；不认真学习求生、救助技能，出现突发事件，无从应对；惹是生非，激化矛盾，引火上身，等等。

④ 心理健康意识

心理学的研究表明，初中生常见的心理健康问题有：学校适应不良型心理问题、强迫型心理问题、抑郁型心理问题、焦虑型心理问题、恐怖型心理问题等。针对这些问题，初中开设心理健康课程对初中生进行心理健康知识和心理调节技巧的指导，如中考前的心理辅导、人际关系的指导等。但有些学生忽视心理健康的重要性，消极对待相关知识的学习和体验，在发生问题时无法正确面对，不懂得如何对自我的心理进行调控，从而影响学习和生活，甚至引发终生遗憾。

⑤ 理想信念

我国目前正处于重大的社会转型期，人们的价值观、人生观和世界观发生了深刻的变化，必然对青年学生的理想形成巨大的影响。而中学生正处于人生成长的关键期，他们的身体发育趋于成熟，思想得到发展，知识逐渐丰富，自我意识日益强烈，人生观和世界观正初步形成。在学校多年的教育和社会正气的影响下，大部分学生的三观是健康、务实、进取的。但仍有一部分学生成才观念不明确，思想认识比较模糊，理想信念缺失，人生目的不清晰。

（2）缺乏同伴责任意识

一个发生在南京的事件曾令我们感到震惊和悲哀。四个同龄的男生一起去游泳，其中1人溺水，另外3人因为害怕被追究责任而选择了集体沉默，直至事发6个小时后，溺水少年的父母才获得消息，而溺水少年却丧失了生还的机会。据了解，在少年溺水期间，他的同伴没有一个愿意去救他，眼睁睁地看着他慢慢沉入水中。当他们被问及为何如此做时，他们的回答是"怕担责任"。

同伴责任，是个人作为同伴在一个群体中对伙伴、朋友所应承担的责任，即对他人负责，尊重和接受他人，富有爱心与合作精神。初中生有强烈的与人交流的欲望，尤其是同伴之间的交往是他们最渴望也是最困惑的人际关系。因为，彼此之间都缺乏处理人际交往的经验与技巧，所以，两个人"好得像是一个人"瞬间变成"你是我今生的仇人"的反转现象在校园里时有发生。初中生缺乏同伴责任意识的现象比较普遍。

例如小组内部不团结,值日工作互相推诿;为自己的同伴掩盖错误行为;学优生不愿意帮助辅导其他同学;同学之间结伴打架斗殴;校园欺凌事件频发等。又如,有的中学生把所谓的"哥们儿义气"看成真正的友谊,将影视作品中的"黑老大"看成"英雄",极力崇拜并加以模仿,以武力或其他不正确的方式把同伴发展成为"小弟",并让小弟为他做事,如收一些同学的保护费等。

（3）缺乏家庭责任意识

家庭责任,即对家庭负责,尊老爱幼,孝敬父母。每个人从出生那天起,就在家庭中与父母长辈以及家庭其他成员发生关系。在长期的家庭生活中形成了对自己与家庭关系的感性认识,并进而萌发出对家庭的责任感。而如今,初中生不少还是独生子女,其父母对之更多的是过度地保护和溺爱,孩子对父母和家庭的责任感缺失。"天下父母心"是父母对子女的高度责任心的表现,孩子是否能够感受到呢?在中国的各个地区,每当刮风下雨、天气变化,校门口送雨伞、衣服的父母总是成群结队,而给父母送雨伞的孩子又有多少呢?有的人也许说,学生放学时间晚于父母下班的时间,但每年三个月的假期,也极少见到这最简单的反哺行为也是事实。在家庭生活中,孩子们表现为以自我为中心,我行我素;在学校生活中表现为无视校纪校规和教师的耐心教育,对同学、师长不关心,做事只考虑自己,不考虑别人。抱着一种"唯我独尊"的态度,对他人冷漠。有的甚至抽烟喝酒、打架斗殴,这些不负责任的行为使父母伤透了心。

（4）缺乏集体责任意识

有些中学生做事缺乏认真负责的态度,关心自己多,关心他人和社会少,对集体活动和公益事业缺乏必要的热情,"事不关己,高高挂起";有的学生不愿意做班干部,怕影响自己的学习;有的不愿意帮助别人,有利的事抢着干,难办的事推给别人,不能勇于承担责任。对大扫除、值日采取敷衍了事的态度;不珍惜班级荣誉和形象;上课打闹,破坏课堂纪律,影响教师正常上课;一些成绩较好的学生,只顾埋头学习,不关心班级事务,不愿担任班干部;对班级中的不良现象睁一只眼闭一只眼,放任自流,班级缺乏正气;与社会上的不良青年交往,干扰学校正常的教学秩序。

（5）缺乏环境责任意识

为保护和改善环境,防治污染和其他公害,保障公众健康,推进生态文明建设，促进经济社会可持续发展，中华人民共和国第十二届全国人民代表大会常务委员会第八次会议于2014年4月24日修订通过了《中华人民共和国环境保护法》，以国家法律对环保工作给予了强有力的保障。如今，我国的环境保护工作存在的问题在于环保教育不足，人们对环境保护的责任意识缺失等问题。小到个人乱丢垃圾，大到企业偷排污水，在我们周围屡见不鲜。随着我国社会文明程度的提升，很多人已认识到环保的重要性，不会主动做破坏环境的事情，但只限于个人不为，还没有具备引导他人共同保护环境的意识，这也是责任感不足的表现。

2. 缺乏国家认同意识

《中国学生发展核心素养》中家国认同中的要点包括：具有国家意识，了解国情历史，认同国民身份，能自觉捍卫国家主权、尊严和利益；具有文化自信，尊重中华民族的优秀文明成果，能传播弘扬中华优秀传统文化和社会主义先进文化；了解中国共产党的历史和光荣传统，具有热爱党、拥护党的意识和行动；理解、接受并自觉践行社会主义核心价值观，具有中国特色社会主义共同理想，有为实现中华民族伟大复兴中国梦而不懈奋斗的信念和行动。[1]中学生在认知和情感层面对国家的认同总体良好，对自己的国家有很强的归属感，对国家制度和中国共产党认同度高。但中学生的国家认同存在不平衡的问题，在国民身份认同上呈现出高情感认同与相对低的理智评价的矛盾性，存在政治权利和承担义务上不匹配的矛盾性和文化认同上的多元性。[2]

3. 缺乏国际理解意识

《中国学生发展核心素养》中国际理解的要点包括：具有全球意识和开放的心态，了解人类文明进程和世界发展动态；能尊重世界多元文化的多样性和差异性，积极参与跨文化交流；关注人类面临的全球性挑战，理解人类命运共同体的内涵与价值等。[3]2012年，中国教育科学研究院对中学生的国际理解素

[1] 核心素养研究课题组.中国学生发展核心素养[J].中国教育学刊，2016（10）.
[2] 曾水兵，班建武，张志华.中学生国家认同现状的调查研究[J].上海教育科研，2013（8）.
[3] 核心素养研究课题组.中国学生发展核心素养[J].中国教育学刊，2016（10）.

养调查研究显示，多数中学生具备初步的全球意识，对国际基本情况有了解。但总体上中学生国际理解整体水平不高，不善于跨文化理解问题。[①]

（二）初中生责任意识缺失的原因分析

我们国家正处于转型期，改革开放带来了前所未有的快速发展，在社会蓬勃发展的同时，各种意识形态的冲突、新旧思想观念的撞击、现代科学技术的日新月异，使社会形成了多元文化的格局。随之而来的是人们内心的空虚和迷茫，对功利的过分追求，社会法治建设和基础教育改革的滞后，以及独生子女等诸多问题。只有正视这些问题，深刻思考教育改革发展的方向和任务，学校才能与时俱进，培养出新时代需要的具有责任意识和担当能力的社会主义新人。

中学生的责任担当素养的现状如何呢？当今社会的高速发展与教育理念的滞后相矛盾，教育与社会实际相脱离，突出表现在很多学生片面强调自我价值，缺乏对社会、国家、国际的责任感。

1. 社会主流价值观的淡薄

2017年8月17日，教育部发布的《中小学德育工作指南》中指出："把社会主义核心价值观融入国民教育全过程，落实到中小学教育教学和管理服务各环节，深入开展爱国主义教育、国情教育、国家安全教育、民族团结教育、法治教育、诚信教育、文明礼仪教育等，引导学生牢牢把握富强、民主、文明、和谐作为国家层面的价值目标，深刻理解自由、平等、公正、法治作为社会层面的价值取向，自觉遵守爱国、敬业、诚信、友善作为公民层面的价值准则，将社会主义核心价值观内化于心、外化于行。"因此，学校应把社会主义核心价值观融入教育各个环节，融入各门课程、校园文化和学校管理中去。

但不可避免的是，在多元社会背景下的今天，社会主流价值观在一定程度上受到负面的、消极的影响，西方发达国家的文化思潮、文化产品的输入和传播，对社会文化及思想的渗透产生一定影响，自由主义、消费主义等在一定程度上泛滥。

宋朝华担任过班主任、年级主任和学校的德育副校长。在多年的德育工作中发现，学生在接受到来自学校、家庭和社会正确的价值观的同时，社会不

---

① 李正福.中学生国际理解现状调查［J］.中国德育，2013（20）.

良的风气也通过多种现代化媒体渠道出现在学生的面前。对于正处在形成人生观、价值观的关键时期的学生,拜金主义、利己主义、享乐主义等思潮的影响非常巨大且是不可逆的。

在每一个长假期后,教师们经常会发现一些学生出现了思想问题,一至两个月的假期期间,学生大量接触社会,自然也会接触到社会阴暗的一面。随着社会智能化水平的提高,学生获取各种信息的渠道便捷多样,社会上的不良现象和突破道德底线的行为、事件极易出现在学生的视野中。

在如今的商品经济社会的大环境下,我们痛心地看到老人倒地无人扶起的人情冷漠;热门的相亲节目中,"宁可在宝马车上哭,也不愿意坐在自行车上笑"的赤裸裸的拜金主义;"傍大款""周末二奶""万般皆下品,唯有款爷高"等的享乐主义;因无法满足自私的需求而杀害亲人的极端个人主义的事件报道等。这些不符合社会主义核心价值观的事物公然出现在各种传媒中,出现在青年学生面前,干扰和混淆青年学生正确价值观的形成。由于学生对形形色色的价值观缺乏必要的甄别判断能力,一方面表现出无所抉择的困惑与迷茫,另一方面又表现出价值评判和选择上的迟疑和紊乱,进而导致人生目标模糊,理想信念缺失,奋斗动力不足,严重影响他们的人格完善和我国建设社会主义核心价值体系的进程[①]。这对正在成长中的学生在责任认知上带来了极大的负面影响,使之行为上出现偏差和盲从。

2. 学校德育效果弱化

学校德育是根据一定社会和受教育者的需要,遵循品行形成的规律,采取多样手段,在受教育者自觉积极参与的互动中,通过内化和外化,发展受教育者的思想、政治、法治和道德等方面素质的系统活动过程。而学校对学生责任担当的教育是一个从认知到行为的过程,也是一个系统工程。但受到应试教育的制约,教师更强调学习方面的责任,将人生目标也只狭隘地确定为"学习成绩好,将来才有好前途"。在这种大环境下,学校的德育工作普遍存在着"虚假"现象,即德育工作的强化始终停留在表面上,是形式上、口头上的强化,

---

[①] 张元贵.竖起脊梁担事——学术型高中担当教育模式的整体建构 [M].南京:江苏凤凰教育出版社,2015.3:1-2.

更谈不上进行全面的责任担当教育，导致学生的责任意识模糊，担当意识缺乏。

3. 家庭道德教育缺失

孩子是父母的影子，父母是孩子的镜子。孩子责任意识首先来源于父母的言传身教，父母的价值取向和对事物的认知对年龄越小的孩子影响越大。所以，家庭教育对孩子的责任担当素养的形成影响极大。家庭教育对责任担当素养的形成的影响主要有以下几个方面。

（1）过分溺爱，孩子在家中没有体验责任担当的机会。

（2）缺乏沟通，孩子没有得到家长及时正确的引导。

（3）家长素质低，对孩子的教育完全是错误的。

（4）过分依赖学校教育，家庭教育缺失。

孩子小的时候，受到委屈或伤害，家长总是利用推脱责任或委过他人的方式来安慰孩子，从不考虑孩子自身行为和能力对后果的直接影响。宋朝华在教育生涯里见过很多家庭教育不当的案例。例如，孩子学习不好，家长归罪于学校管理不行，教师教学不好；同学之间打架，则责怪别人招惹自己的孩子在先；学生在体育课上不认真听从体育教师对动作要领的说明，而任性妄为导致受伤，家长大闹学校要求赔偿；学生打骂教师，家长奉劝教师要宽容对待自己的孩子，不要招惹他，还告诉教师，自己也被孩子打过等。

最近，看到一则新闻，更是匪夷所思，孩子打了教师，教师受到伤害，家长却说出"老师不应该离我孩子太近，离远一点就打不着了"这样荒唐至极的理由。如此，久而久之，孩子养成了委过于人的思维定式。更有甚者还纵容孩子不负责任的行为。

其实，家庭教育对培养孩子的责任意识是非常重要的，很多成功人士都会有其家庭对他进行责任感培育的经历。而现如今，学生犯了错误时，不少家长采取回避责任的态度，让自己的孩子免受处罚，对学校采取的教育方式有诸多不满或不予配合，导致孩子错过了最佳的责任感教育契机。

4. 个人责任意识淡漠

责任是一个人、一个组织、一个国家及整个人类文明发展的基石。所以，对于个人而言，责任心不仅是品格和能力的承载，更是走向成功的必不可少的前提条件。所有成功的人都有一个共同的品质——责任感。如果一个人没有责任心，即使他有再大的能力也是空谈；而如果一个人具有责任心，他就会有激情、忠诚和奉献。比尔·盖茨对他的员工说："人可以不伟大,但不可以没有责任心。"因此,一个人要想在社会上立足,就应当把责任感带入自己的生活态度中,无论是在工作上还是在生活中,都要提醒自己做一个负责任的人。目前在青少年学生中,具有强烈的责任感,知道对自己、他人、家庭负有责任,准备为社会、为国家、为民族做出贡献的是主流,但是仍有部分学生缺乏责任意识、缺少担当能力。

青少年学生大多为独生子女,从小受到家庭过多的呵护和娇宠,以自我为中心的意识强。部分青少年个人责任意识淡薄,主要表现在:对自己的学习和生活极不负责,学习行为缺少自觉性,不能很好地做到课前预习、课中认真听讲及课后复习;不能很好地自立,很多事情都是由父母代劳;自控能力比较差,上网为了学习的初衷最后被游戏取代,即使明知道这样做不对。

第二节　责任担当的内涵及特征

一、责任担当的内涵

1. 责任及责任教育的内涵

中国学界对"责任"的概念和界定并不一致。除"责任"外,还包括"责任意识""责任观""责任感""责任心"等相近的概念和词语。不同学科领域因侧重研究的维度不同而使用不同的词汇,如哲学、伦理学领域多使用"责任",心理学、教育学领域多使用"责任心""责任感",而思想政治教育领域多使用"责任意识""责任观",本书中都将有所运用。

按照《汉语大词典》的解释,"责任"有三重含义:一是使人担当起某种职务和职责;二是分内应做的事;三是做不好分内应做的事,因而应承担的过失。这种定义是侧重外在规定性,强调责任是对人的行为的规定和约束。这一角度曾一度成为主流。

在西方文化中,Mckoen(schelenker等,1994)指出,"责任"

（responsibility）一词最初在十七八世纪的英语、德语和法语中的意思是：对国王或议会的管理负责、值得依赖或有能力改造自己的义务、负责精神。在当代哲学和心理学中，"责任"一词仍保持有两层主要含义：对过失的归因和承担义务[①]。

责任的概念来源于义务。近年来，对责任的研究越来越向内在规定性深化，并展开为对人的知、情、意、行的多层考查和整合。如陈芬认为："责任如果没有被责任主体意识到，那么它仅仅是一种外在的规范和要求。从个体发生的角度分析，责任感在每个人身上都要经过他律和自律两个阶段……具有自律性的责任感的人，能依据一定的原则和规范自觉地选择和决定行为，他从内心里感到自己是完全自由的，自己是自己的主体，那种曾似乎压抑人、束缚人的外在力量，反而成为主体敢尽职尽责的巨大推动力。"这是从他律与自律两个层面分析，并强调后者的重要意义[②]。

由上可知，责任的含义可以从两个方面加以界定：一是从外在规定性的层面，核心主张是认为责任是对人的约束和规定；二是从自我规定性的视角，侧重探究人的意识、心理状态和精神境界。经过整合，责任的内涵完整地体现了人的知、情、意、行的统一。

在人教版道德与法治教科书中，责任被定义为"一个人分内应当做的事情"[③]，通俗易懂，符合青少年学生的认识水平和特点。

责任教育，是对教育对象进行的以"负责任"为核心的思想政治教育和品德教育，目的是培养受教育者的责任意识，增强受教育者对自己、对他人、对家庭、对社会、对国家、对国际、对环境等方面的责任感和负责精神，并外化为完善自我、关心他人、奉献社会、忠于祖国等的责任行为，从而塑造科学的责任观的教育。

2. 担当及担当教育的内涵

担当，《汉语大词典》中的解释为：承担；担负（任务、责任等）；勇于

---

① 谭小宏，秦启文.责任心的心理学研究与展望［J］.心理科学，2005，28（4）：991-994.

② 陈芬.论责任及责任感的培养［J］.有色金属高教研究，1999（1）.

③ 教育部组织编写.道德与法治（八年级上册）［M］人民教育出版社，2018.

担当重任，不计得失。主要包含三个方面的意思：一是负责任，二是勇敢，三是承受。即主动承担责任，是一种精神，也是一种品质，还是一种行为。[①]

担当教育，是指教育者通过合理、科学、有效的手段和载体使青年学生明确责任，形成责任担当意识并转化为自主行为。即引导学生形成担当精神，提升担当品质，采用担当行为的教育。其中包含三个层次，首先是认知层次，明确责任，即明确担当什么；其次是探讨层次，即途径在哪儿，如何承担责任；最后是做行合一，践行层次，即以实际行动承担责任。[②]

3.《中国学生发展核心素养》中责任担当素养的内涵

《中国学生发展核心素养》明确指出，责任担当主要是学生在处理与社会、国家、国际等关系方面所形成的情感态度、价值取向和行为方式，包括社会责任、国家认同、国际理解等基本要点。[③]

学生发展核心素养是进一步深化课程与教学改革，落实立德树人主要任务的重要依据。对各阶段学生身心发展特点和学校教育教学实际情况认真研究才能真正落到实处。从中小学生身心发展规律、特点和教育教学目标、任务出发，对学生责任担当的理解包括如下几个方面：一是对自己的学习负责的责任担当；二是对自己和他人生命健康负责的责任担当；三是对身边环境负责的责任担当；四是对家庭文明、和谐负责的责任担当；五是对集体负责的责任担当；六是对自己过错行为负责的责任担当。[④]

二、责任担当的特征

责任担当是学生在处理与社会、国家、国际等关系方面所形成的情感、态度、价值观及行为方式，具有社会性、时代性和主动性等基本特征。

① 张元贵.竖起脊梁担事——学术型高中担当教育模式的整体建构［M］.南京：江苏凤凰教育出版社，2015.3：1-2.
② 赵荣.陶行知教育思想的践行：担当教育——兼谈基础教育中培养敢于担当的人才［J］.教育研究，2013（3）.
③ 核心素养研究课题组.中国学生发展核心素养［J］.中国教育学刊，2016（10）.
④ 周逸先.面对核心素养：中小学生需要培养什么样的责任担当［N］.科技日报，2016-12-28（3）.

社会性是人的本质属性，学校培育学生的方向就是使其成为一名合格的公民，承担起社会发展的重任。所以，学生的责任担当具有社会性。核心素养中强调中学生在社会生活中承担的责任和使命，强调其为建设和谐社会所应履行的义务。例如，要求孝亲敬长、诚信友善、热心公益、履职尽责、明辨是非等，还要积极履行公民义务，理性行使公民权利，崇尚自由平等，能维护社会公平正义的同时，还要热爱并尊重自然，具有绿色生活方式和可持续发展理念及行动等。

不同时代的社会对责任的要求不同，新时代赋予责任担当以新的内涵，它具有鲜明的时代特征。这就要求学生与时俱进，突破自身所在时空的局限，从国际视野来尊重和理解文化的多元化，关注人类共同面临的问题；积极参与文化交流，自觉捍卫国家主权、尊严和利益，更要传播中华优秀传统文化，坚定文化自信。

责任担当是个人的主动行为，是个人内在意志的外在体现，体现了个体的主动性。宋晔更加明确地突出责任的内在性："责任在今天，常被用于指某种外加于人的职责，但本真意义的责任乃是自愿行为，是个体对他人或社会要求的积极'响应'，所以'有责任感'就是能够且随时准备做出'响应'的一种稳定素质，即责任意识。"[①]所以，学校培育学生的责任担当素养，首先要明确责任，进而内化于心，最终外化于行。

第三节　培育学生责任担当素养的意义及目标

奥地利精神医学家维克多·弗兰克是一位从奥斯维辛集中营历经惨绝人寰遭遇渡尽劫波归来的生还者，在他的生命和家庭都遭遇了极不负责的蹂躏之后，仍然坚持认为，每个人都被生命询问，而他只有用自己的生命才能回答此问题；只

---

① 宋晔."学会关心"与责任生成［J］.教育理论与实践，2003（3）.

有以"负责"来答复生命。因此， '能够负责'是人类存在最重要的本质。

21世纪，知识就是竞争力。新时代中国的发展对基础教育提出了新的要求。近期，中兴和华为事件，更现实、清晰地警示我们，要真正成为强国，首先要掌握核心技术，培养适应时代发展的创新性人才。2014年6月9日习近平总书记在两院院士大会上讲话时强调："不能总是指望依赖他人的科技成果来提高自己的科技水平，更不能做其他国家的技术附庸，永远跟在别人的后面亦步亦趋。"青年学生是国家未来的希望，是中华文明的传承者，是实现强国梦的生力军，强烈的责任感是必备的核心素养。

每个人的青少年时期是学会负责的关键期。所以，中学承担着系统培育年轻一代的政治思想、价值观念、道德品质的使命。约翰·杜威指出，学校是由社会建立起来完成一定的特殊工作的机构，学校的责任就是把学生培养成社会的合格公民，而民主社会的合格公民一方面是民主事务的参与者，既能领导，又能服从；另一方面是家庭的成员，要抚养和培养未来的儿童，借以保持社会的连续性；还要成为一个工作人员，从事某种有益于社会并能维护其独立和自尊的职业。这些成人之后的责任担当，要求未成年学生得到科学、艺术、历史的培养，掌握探索的基本方法和交流的基本工具，养成各种有用的习惯。[①]由此可见，责任教育的主要使命应该定位于帮助学生为毕业和成年后承担各方面责任做好准备，学校责任担当素养的培育是为学生的未来人生做好准备，为毕业和成年后作为各行各业的劳动者、家庭中的父母和社会中的成年公民所对应的责任做好准备。培育责任担当素养的意义可以从以下几个方面来阐述。

一、培育责任担当素养是中华民族文化延续与发展的需要

对中华民族影响力最大的儒家文化，其核心思想"忠孝仁义礼智信"深植于民族的血液之中。其中，"忠孝"是根本，是立国和立家之本，是对家国的责任与担当。新时代，我们提倡的"忠孝"，则是热爱祖国、忠于职守、孝敬父母、尊老敬贤。"仁义礼智信"是立身之本，是对他人和自己的责任与担

---

① 约翰·杜威.学校与社会·明日之学校［M］.赵祥麟，任种印，吴志宏，译.北京：人民教育出版社，2005：139.

当。新时代，我们要仁爱为本，关心他人；坚守正义，保持节操；注重礼仪，尊重他人；提高素养，服务社会；诚信守法，一诺千金。在中华民族延续和发展的过程中，儒家文化的合理内核一直得以保持和发扬，成为民族的重要思想基础和思想武器。

二、培育责任担当素养是体现社会主义核心价值观的需要

社会主义核心价值观在个人层面上价值准则为：爱国、敬业、诚信、友善。爱国是核心价值观的核心，是每个公民的义务和责任；敬业是公民的基本职业要求，也是爱国的具体体现；诚信是个人的立身关键和必备的道德品格；友善是中华民族的传统美德之一。

（一）具有责任担当素养的人才有真正爱国之心

自古，中国人民就受到孟子的"天下之本在国，国之本在家，家之本在身"的影响，具有将个人命运与国家前途紧紧联系在一起的家国情怀，为了国家的命运，为了国家的复兴担当着自己的责任。前有钱学森、邓稼先等一大批优秀的科学家的爱国壮举，后有为了汶川地震救灾放弃奥地利的博士后研究工作回国运用自己的知识做中国人自己的"地震预警"系统的王暾博士。他们正如梁启超所说："人生于天地之间，各有责任。知责任者，大丈夫之始也；行责任者，大丈夫之终也。"他们在国家的危难之时，克服了一切困难，乐于为国奉献，为民着想，甘于担当，勇挑重担，这是爱国的最高境界。

习近平总书记把党的执政理念概括为"担当起该担当的责任"。这不仅仅是对党员干部提出的要求，也是对全国人民发出的动员。爱国就是体现在公民"天下兴亡，匹夫有责"的使命感和责任感。

历史反复证明，"爱国"从来就是凝聚全国各族人民的核心要素和第一位的价值观。"爱国"作为公民的一项基本义务和美德，具有鲜明的时代特性。只有继续把"爱国"作为不可须臾离弃的价值观，贯穿于民族复兴整个历史过程，才能不断"增强各族群众对伟大祖国的认同、对中华民族的认同、对中华文化的认同、对中国特色社会主义道路的认同"，朝着"富强、民主、文明、和谐"的理想迈进。

（二）具有责任担当素养的人才有敬业之举

"敬业"既包括精神层面的内涵，也包括务实层面的要求：敬业就意味着

热爱、看重自己所从事的工作，并将这种自豪转化成对工作的动力，对生活、集体和国家的热爱。一个伟大的民族是由无数个忠于职守、品格高尚的个体组成的。国民能否兢兢业业、一丝不苟地干好本职工作，不仅关系到自身生存发展，也决定着整个国家能否健康发展。

（三）具有责任担当素养的人才有诚信之义

"诚信"的基本内容是诚实、诚恳、信用，也就是以诚恳待人，靠诚取信于人。"诚"不仅是道德的基础和根本，也是一切事业得以成功的保证。只有人人从"我"做起，让诚信真正根植人心，人与人之间才会更加友善，社会文明才能更进一步。

（四）具有责任担当素养的人才有友善之礼

"友善"包含善待亲友、他人、社会、自然等。善待亲人可以和谐家庭关系。善待朋友，善待他人，可以和谐人际关系。善待自然可以形成和谐的生态关系。"友善"是涉及人际关系的道德要求，是各阶层、各行业都应该积极倡导的具有基础性和普适性特点的价值观。只有在日常生活中，倡导并保留一份友善之情，发扬友善互助的精神，人间才能充满更多的真情，社会才会更加和谐。

三、培育责任担当素养是培养合格公民的需要

《中华人民共和国宪法》规定，凡具有中华人民共和国国籍的人都是中华人民共和国公民。中华人民共和国公民在法律面前一律平等。国家尊重和保障人权。任何公民享有宪法和法律规定的权利，同时必须履行宪法和法律规定的义务。[①] 而社会责任意识则是公民的世界观、人生观、价值观在社会中的具体体现，是公民在社会实践过程中逐步形成的，是判断是否为一名合格公民的最主要的标准。因此，如何培养和提高公民的社会责任意识已成为和谐社会构建中一个不可忽视的重要课题。

（一）公民的社会责任意识存在缺失

经有关部门的调查研究，社会责任意识缺失的主要表现如下。

---

① 中华人民共和国宪法［M］.口国法制出版社，2018：16.

1. 社会关系

社会关系方面主要表现为：官本位思想较为严重，部分官员滥用公共权力，把公共权力作为满足个人利益和小团体利益的手段；法律意识薄弱，情大于法观念盛行；经济生产方面急功近利，忽视消费者利益，产品质量粗制滥造，假冒伪劣商品肆意流通，充斥市场，企业间恶性竞争，以牺牲人民利益为代价；文化产品"量升质降"，精品少，盗版多，严重影响公民健康的意识形态的构建；公民的思想水平严重滑坡，机会主义、拜金主义、重利主义盛行，善恶、美丑、荣辱、是非不分，思想颓败，诚信出现危机等。

2. 人际关系

人际关系方面表现为与他人交流时，功利性和目的性强，对他人缺乏信赖，心理防备加重；权钱交易，权色交易，权势交易等。

3. 人与自然关系

全世界都在不断向自然界扩张和索取，却忽视对自然界的保护，造成在利用自然和改造自然过程中的无节制，使自然环境遭受巨大破坏，后果是环境恶化、资源匮乏、生态失衡等，这些问题已成为影响人类生存和发展的全球性问题。

（二）公民的社会责任意识缺失的主要原因

我国从计划经济向市场经济转型后，道德教育没有及时与时俱进，社会传统道德体系失去了基本的规范作用，原有的社会思想道德和价值观念体系解体。《新时代公民道德建设实施纲要》指出：在国际国内形势深刻变化、我国经济社会深刻变革的大背景下，由于市场经济规则、政策法规、社会治理还不够健全，受不良思想文化侵蚀和网络有害信息影响，道德领域依然存在不少问题。一些地方、一些领域不同程度存在道德失范现象，拜金主义、享乐主义、极端个人主义仍然比较突出；一些社会成员道德观念模糊甚至缺失，是非、善恶、美丑不分，见利忘义、唯利是图，损人利己、损公肥私；造假欺诈、不讲信用的现象久治不绝，突破公序良俗底线、妨害人民幸福生活、伤害国家尊严和民族感情的事件时有发生。[①]

---

① 中共中央国务院印发新时代公民道德建设实施纲要［N］.人民日报，2019-10-28（6）.

（三）培育学生责任担当素养提升社会责任意识

社会责任意识和公民意识都要从小抓起。人的青少年时期，正是人生观、世界观、价值观形成的关键时期，错过了人生的这个阶段的相关教育和培养，社会责任意识、公民意识的培育就要事倍功半了。学生不仅是国家未来的接班人，也是当前家庭和社会重要的一分子，其社会影响力也是不容忽视。所以，学校要高度重视责任担当素养的培育，为每一位学生成为一名合格的社会公民打下坚实的基础，同时为提升全民素养做出努力。

第二章

"我的责任我担当"主题教育的内容解读

歌德曾说："责任就是对自己要求去做的事情有一种爱。"初中生培育责任担当素养的主要内容包括对自我的责任担当、对他人的责任担当、对集体的责任担当、对社会的责任担当、对国家的责任担当，直至对国际的责任担当等。结合《中国学生发展核心素养》，宋朝华对初级中学培育学生责任担当素养的主要内容从社会责任、国家认同及国际理解这三个方面进行了阐述。

第一节　社会责任

马克思说："人的本质，在其现实性上，它是一切社会关系的总和。"①人是社会的人，社会是人的社会，每个人都负有一定的社会责任。2016年6月至7月，上海市教科院普教所在上海教育报刊总社的协助下，采取问卷调查形式，对330名中学校长开展关于社会责任、国家认同、国际理解、人文底蕴、科学精神、审美情趣、身心健康、学会学习、实践创新九个方面的调研。调查表明，

---

① 马克思，恩格斯.马克思恩格斯选集（第二卷）［M］.北京：人民出版社，1995：276.

校长们认为最重要的核心素养就是"社会责任"（77.0%）。①

学生将来要成长为一名合格的社会公民，面临着如何处理好个人与社会的关系的问题。学生充分了解了自己的社会角色，就会自觉为成为一名合格公民而做好准备，包括培养法治信仰、品德行为、学识技能、身心健康、生态意识等。

在《中国学生发展核心素养》中，社会责任的重点为：自尊自律，文明礼貌，诚信友善，宽和待人；孝亲敬长，有感恩之心；热心公益和志愿服务，敬业奉献，具有团队意识和互助精神；能主动作为，履职尽责，对自我和他人负责；能明辨是非，具有规则与法治意识，积极履行公民义务，理性行使公民权利；崇尚自由平等，能维护社会公平正义；热爱并尊重自然，具有绿色生活方式和可持续发展理念及行动等。②

宋朝华结合初中生的年龄特点，将初中生社会责任意识分为以下几个方面。

一、对自己负责

（一）对自己的信仰和品行负责

心中有信仰，脚下有力量。虽然初中生对信仰的认知还比较浅显、不够深刻，但青少年理想信仰状况如何，不仅关系到青少年的未来，更直接关系到民族振兴、人民幸福。目前，青少年理想信仰和价值追求总体上是积极的、健康向上的。但随着中国特色社会主义市场经济的不断发展以及世情、国情、党情所发生的变化，深层次利益差别和矛盾广泛反映到精神生活领域，各种落后腐朽的文化思潮和价值观念随之冲击着他们的内心生活与精神世界。③因此，重塑青少年主导信仰要以核心价值观的培育为基础，凸显马克思主义政治信仰的说服力，彰显中华民族主流文化信仰的生命力，展现个体道德信仰的感染力。④

---

① 上海市教育科学研究院普通教育研究所项目组.长三角地区学生发展核心素养校长调研报告［J］.上海教育科研，2017（3）.

② 核心素养研究课题组.中国学生发展核心素养［J］.中国教育学刊，2016（10）.

③ 唐顺利.青少年理想信仰教育的主要问题与现实路径［J］.文史博览，2014（12）.

④ 吴俊蓉，葛长鲜.社会主义核心价值观与当代中国青少年主导信仰［J］.北京青年研究，2014（4）.

"才者，德之资也；德者，才之帅也。"立德是一个人的安身立命之本，关乎青少年的成长与成才。"国无德不兴，人无德不立。"立德不仅对个人来说意义重大，而且体现社会文明程度和民族精神。因此，加强对未成年人的思想道德教育，帮助未成年人在初中阶段养成良好的品行非常重要。

（二）对自己的生命和健康负责

奥斯特洛夫斯基说过："人，最宝贵的东西是生命，生命属于人只有一次。"生命与健康，对于初中三来说还是一个比较抽象的概念，让学生理解，人的生命是可贵的，是要非常珍惜和爱护的是非常重要的。于是，《中小学生守则》提出："珍爱生命保安全。红灯停绿灯行，防溺水不玩火，会自护懂求救，坚决远离毒品。"守则的内容描述很具体，与学生的生活息息相关，比较符合中小学生的年龄特点，义务教育阶段的学生比较容易理解。

学生应当认识到尊重生命、爱惜健康的认识和行为，既是一种美德，更是一份责任。生命，别人不可以伤害，自己也不能够伤害。从小就要养成积极进取、健康向上的生命情怀，了解生命对于自己、父母、亲人、朋友乃至国家、社会的重要性。珍视自己与他人的生命，树立对自我的生命和健康负责的意识是上对国家民族、下对自己和家庭应有的担当。从小对孩子进行生命关爱教育，是对其人生的奠基。

学校开展生命教育，其目标是使学生学会尊重生命，理解生命的意义，学会积极生存、健康生活和独立发展，并通过彼此之间对生命的呵护、记录、感恩和分享，获得身心的和谐发展，促进人生及事业的成功和生活的幸福美满，从而实现自我生命的最大价值。

宋朝华曾经听了一节有趣的班会课，班主任以"素材+话题"式的方式设计，其素材如下。

过马路，等红绿灯。长达90秒的倒计时，着实考验人的耐心。果然，还剩30秒的时候，有人等不及了。这时，典型的"中国式过马路"出现了：十几个等得不耐烦的男女老少凑成了"一小撮人"，在一个彪形大汉的带领下，在川流不息的汽车中左冲右突，浩浩荡荡地向马路对面拥去。站在我旁边的小女孩看见有人过马路，拉着母亲的手便准备随众人往前冲，但被母亲强有力的手给拉了回来："没看见红灯吗？红灯停、绿灯行，妈妈平时怎么教育你的？你得对自己的生命负责。"这是一位令人尊敬的母亲。虽然孩子受到批评，但将来长大后，她一定会感谢母亲当年的良苦用心。"抢"过马路的那些人，很快被飞速行驶的汽车围堵着，走也不是，退也不是，极为尴尬地站在马路中间，险象环生。等到绿灯亮时，母亲才拉着孩子坦然地走过马路。

班会课一开始，担任主持的学生干部并没有打出主题，而是投影出以上素材，让各小组针对素材开展讨论。每位学生都谈了自己对材料的感受和想法，小组内的交流让学生找到了主题。主持人再让各小组代表与全班同学分享本小组的观点，最后才由学生共同提出主题：珍爱生命和健康，对自己负责。

通过这节班会课，学生对生命、健康的认知更加深入。因为是学生主动认知的行为，教育效果很好。这是值得学校提倡和借鉴的教育方式。

（三）对自己的学习和生活负责

1. 学习是学生最主要的任务，是自己的事

（1）对当前的学习负有责任感

华东师范大学教育学院院长、教授周彬认为："学习是学生的责任，学生得为此而负责。……要让孩子喜欢上学习，究竟需要什么东西？要让学生喜欢学习，首先要考虑怎么让他们对自己的学习承担责任，没有责任的学习是走不快的，更不要说走得远了。"学习是学生最主要的任务，学会学习，则是完成这个任务的首要目标。为此，首先就要让学生懂得学习是自己的事情，学习好坏都得自己负责，只有当他树立了对学习的担当意识，才能养成良好的学习行为习惯，奠定乐学、好学、会学的基础。

（2）努力学习，为将来的人生奠基

努力学习，也是对我们未来人生的一种负责任的行为。只有通过认真努力的学习，少年才能成为有知识、有能力的合格的社会成员，才能在未来的成人社会中找到自己的位置，成功扮演相应的角色，担负起相应的社会责任。

2. 合理安排自己的生活，对生活负责

陶行知先生说过：生活即教育。他认为好的生活即是好的教育，认真生活就是认真教育。青少年学生，不仅要学会学习，更要学会生活，并且要对自己的生活负责。

现在的初中生存在"学习上的英雄，生活上的'狗熊'"的现象，做事情丢三落四，生活上自理能力差，不会交朋友等，形成"学习是我的事儿，生活是父母、老师的事儿"的错误观念，逐渐成为"肩不能挑，手不能提"的"文弱书生"，不懂得规划自己的生活，不懂得打理自己的事务，生活一团糟。

3. 正确选择，勇于担当，对自己的选择与错误负责

另外，在生活中青少年学生要面临很多的选择，也会犯错。人非圣贤，孰能无过？何况青少年学生。但能否对自己的决定、选择和错误负责，做到知错必改、闻过则喜则又是另一回事。因此，对学生的过错，教师和家长不应大包大揽，这样会模糊孩子的是非观念，引导孩子向推卸责任、不愿担责、不敢担责的方面发展。学生应该学会明辨是非，主动担责，知耻而后勇，养成正确的担当意识。

二、对家庭负责

参与家庭生活是孩子社会化的第一步，孩子是家庭的一分子。作为初中学生，有了一定的认知水平和生活经历，在家庭责任方面的要求较之小学要高，对家庭责任的理解要更加深入。学生应关心家庭中发生的事情，主动为家庭分忧，体谅父母的疾苦，逐渐形成家庭责任担当意识，并在行动上表现为：主动承担力所能及的家务；在家庭遇到困难和问题时，体谅父母，主动担当；不向父母提出过分的要求；尽量陪伴父母，尽到子女的孝心，通过自己的努力，让父母长辈开心、放心、舒心。

此外，在家庭中，孩子是联系父母的纽带和桥梁，是家庭氛围的润滑剂。所以，学生要自觉主动担负起相应的家庭责任，从日常的待人接物做起，当好父母的"好帮手""开心果"和"好朋友"，营造良好的家庭氛围，让父母经常开怀大笑，以与父母共同创建和谐幸福家庭为己任，与父母长辈共同提升家庭文明素质。

洪战辉，中南大学学生。这个年轻人的名字在2005年迅速传遍了大江南北。面对沉重的家庭负担，年仅13岁的他默默挑起了伺候患病父亲、照顾年幼弟弟、抚养领养妹妹的家庭重担，曾获得"感动中国"2005年度人物、2007年首届"全国道德楷模"称号。

除此之外，对家庭的责任还随着人的成长而逐渐变化，变得更加厚重。如今，作为孩子，他们更多的是享受父母的抚养和爱护，对家庭的责任与担当还比较少。但是，从发展的角度看，他们长大成人后也会成为父母，也会成为一个家庭的顶梁柱，既要赡养年老的父母，又要抚养幼小的孩子。所以，他们对家庭的责任不仅仅看眼前，还要看到将来更大的责任与担当。

三、对集体负责

集体，是由多人集合起来的，有组织、有共同目标和行为规范的团体。对于初中生来说，集体的形式主要有学校、班级和小组等。在这些集体中，学生得到了作为现代人所必不可少的基本素质的培养，包括团队精神、合作意识和交流能力等。

在初中阶段，学生要理解集体与个人的相互关系，即个人与集体之间是相互依存、相互影响的。一方面，个人生活在一定的集体中，离不开集体，受到集体的影响；另一方面，集体是由个人组成的，个人的言行也会影响到整个集体。每一个人都有义务为集体贡献一份力量，承担一份责任，这不仅是每个人的分内之事，也是学生心理发展的需要，更是一种担当。

四、对同伴负责

学生的同伴，大多数是身边的同学，每位学生都有作为同伴在非常正式的群体中对伙伴、朋友所应承担的责任。

2016年8月7日，河南南阳发生了一件非常令人痛心的事情。两名初中生结伴到村附近的水塘游泳，不料其中一名学生不幸溺水，他的同伴由于害怕家长的责骂，居然不选择及时呼救或寻求他人的帮助，导致同伴溺水身亡。从这个事件中，我们看到，这位初中生连最起码的对好朋友的责任心也没有，眼见同伴溺亡也不出手相救，实在是令人痛心。那么，学生对同伴有哪些责任呢？

（一）懂得关心和尊重同伴，与同伴友好交往

青少年时期同伴交往对学生成长的意义重大，对学生的社会性和情感发展具有独特的、成人不可替代的作用。青少年在与同伴交往的过程中，学会关心和尊重对方，与同伴友好交往，有助于培养青少年的责任意识。

（二）"比学赶帮"，与同伴共同进步

学习是学生的天职，学生无论在何时何地，都不应停下学习的脚步，学习是学生最主要的任务。"独学而无友，则孤陋而寡闻。"在初中阶段，学生要与同伴相互帮助、比学赶帮，在交流切磋中共同进步。

（三）勇于指出同伴问题，帮助同伴改正错误

"交友投分，切磨箴规。"为同伴掩饰问题和错误，不仅不利于同伴的成长，而且还损害了同伴的利益。因此，在与同伴相处的过程中，勇于指出同伴的错误和问题，帮助同伴去改正错误，是对同伴负责的表现。

五、对环境负责

随着世界经济的发展，人们在创造大量的物质财富的同时，在环境污染问题上也付出了非常巨大的代价。2018年5月，习近平总书记在全国生态环境保护大会上发表了重要讲话。他强调，生态文明建设是关系中华民族永续发展的根本大计。中华民族向来尊重自然、热爱自然，绵延5000多年的中华文明孕育着丰富的生态文化。生态兴则文明兴、生态衰则文明衰。可见，国家对生态文明建设的高度重视和生态文明建设亟待改善的迫切需要。作为国家未来的建设者、主人翁，对环境的责任意识是初中生必备素质，而现如今对其的培育也亟待加强。

环境责任意识是具备了环境意识后形成的对环境保护的责任感和担当精神。环境意识，是人们对人与环境密切关系的体验、感受，以及与之一致的态度和行为。环境意识并非天生具备，而是在生活和学习中感受和习得的。美国环境教育专家David W.Orr指出："人们普遍认为，环境问题可以通过某种技术解决。先进的技术固然有用，但现在的危机不仅仅是技术的问题，它更是人们思维的问题以及人们在这种思维模式中如何发展即实用技术的问题。……环境危机就是一种教育的危机——教育本身就是一种形成和发展人们的思维能力的手段，让人们能够清楚地思考和判断什么是对的，什么是不对的，以及如何适当地行为。"[1]

---

[1] 廖早展，史敬豪.从多学科模式到跨学科模式——浅析我国基础教育阶段环境教育体系的构建［J］.教育科学，2000（5）：18-20，31.

就在2018年世界杯足球赛中，日本与哥伦比亚的比赛场上，日本以2：1爆冷战胜哥伦比亚，让球迷们为之狂欢。但赛后日本球迷的行为着实让全世界人民为日本的环境责任感的教育所折服。比赛结束后，日本球迷完全自觉自发地清理看台上的垃圾，从每人自备的大垃圾袋就可以看出这是有准备的行动，而非是因为赢球才做出的胜者的行为。哥伦比亚球迷看到日本人的做法，深感惭愧。"所有的日本球迷都在捡垃圾，简直让人难以置信，而我们哥伦比亚球迷们就很粗鲁，并且自己还没有意识到！""就是这种自律和秩序，让他们更出色。"可见，世界人民的价值观是一致的。日本的环境保护意识的教育是非常成功的。高晓松曾谈到，他参加富士音乐节，参加摇滚音乐节的差不多有十万人，应该说这些人都是社会上"最不守规矩"的一类人。晚上12点退场时，他仔细看脚下，非常震惊，十万人狂欢后的地方居然没有一片纸、一个烟头。这十万人，每人都有一个垃圾袋，用来装自己产生的垃圾，并将这些垃圾进行细致的分类，用两个小时的时间去排队将六种垃圾放进不同的垃圾箱里，这是一个自律到可怕的民族。他们的环境教育从很小的孩子开始，从家庭到社会，都严格地开展垃圾分类处理，环保意识和环境责任担当素养已深入到人们的骨髓中，成了一种日常的生活习惯。

我国在环境保护方面的教育亟待加强。我们要加强节约教育和环境保护教育，开展大气、土地、水、粮食等资源的基本国情教育，帮助学生了解祖国的大好河山和地理地貌，开展节粮、节水、节电教育活动，推动实行垃圾分类，倡导绿色消费，引导学生树立尊重自然、顺应自然、保护自然的发展理念，养成勤俭节约、低碳环保、自觉劳动的生活习惯，形成健康文明的生活方式。《中小学生守则》第九条，勤俭节约护家园。不比吃喝穿戴，爱惜花草树林，节粮节水节电，低碳环保生活。

良好的自然环境是我们生存的基础，破坏环境就等于自杀。以一颗敬重之心去珍爱自然环境，不仅是国家、社会的责任，更是每一个人应有的担当。

王君婧，4岁开始捡废旧电池，9年捡了13万节，创下"为宣传环保穿越整个青藏高原的年龄最小的人"的吉尼斯世界纪录。2006年12月13日上午，北京朝阳区首评的教育系统"教育年度人物"揭晓，13岁的初一女孩王君婧以这个惊人的事迹当选，也是其中唯一一名学生。捡旧电池没有耽误学业，六年级的王君婧学习成绩在班里能排上第五名，并且还是班长。她组织了"小绿芽"环保小组，让班里的小伙伴匕加入她的回收废电池的行动中。她说："我希望有越来越多的人参与到环保活动中来。"

第二节　国家认同

国家认同，是一个国家的公民对自己归属哪个国家的认知以及对这个国家的构成，如政治、文化、族群等要素的评价和情感。"国家认同"是责任担当素养的重要内容。《中国学生发展核心素养》中国家认同具体包括：具有国家意识，了解国情万史，认同国民身份，能自觉捍卫国家主权、尊严和利益；具有文化自信，尊重中华民族的优秀文明成果，能传播弘扬中华优秀传统文化和社会主义先进文化：了解中国共产党的历史和光荣传统，具有热爱党、拥护党的意识和行动；理解、接受并自觉践行社会主义核心价值观，具有中国特色社会主义共同理想，有为实现中华民族伟大复兴中国梦而不懈奋斗的信念和行动。[1]

作为00后的初中生，他们与互联网共同成长，是真正的网络原住民，而网络颠覆了人们的生活方式和生活内容，人际关系的扁平化、自媒体时代、海量的数据信息的冲击等，给国家认同教育带来了新的挑战和新的课题。21世纪中华民族最重要的任务是实现民族的伟大复兴，其主要内容就是国家富强、民族振兴和人民幸福。具体表现为21世纪两个百年目标的实现。这一中国梦的实现，要走的是中国道路，凝聚的是中国力量，弘扬的是中国精神，这就需要所有公民对国家高度地认同。这种认同，是对道路的自信、理论的自信、制度的自信和文化的自信的基础和前提。没有国家认同，就没有实现中国梦的基础和缘由。重视与强化国家认同教育，是任何一个国家教育的普遍共性，制度化的国家教育或者说是学校教育，都会面对为谁培养人、培养什么样的人这个根本

---

[1] 核心素养研究课题组 中国学生发展核心素养［J］.中国教育学刊，2016（10）.

问题，而国家认同就是这个根本问题的重要内涵之一。一个国家的国民的国家基因、文化底色、价值追求和共同理想都是制度化国家教育必须完成的，而国家认同也就是其综合体现。国家认同素养并不是高中思想政治学科专有的核心素养，而是在中学大部分学科中都有分布。29门学科课程标准中，都涉及了国家认同，其中义务教育历史课程标准提及了21次，高中历史课程标准提及了15次，高中语文课程标准提及了13次，义务教育语文课程标准提及了12次，高中思想政治课程标准仅仅提及了4次[①]。由此可以看出，国家认同素养是绝大多数国家课程在课程实践中的一个重要任务，这也为跨学科进行国家认同素养的培育提供了可能。

"国家认同"属于"社会参与"中"公民责任和道德实践"这一核心范畴。即一个国家的公民对其生活的国家的政治认同、历史认同、语言认同和文化认同四个领域认同。[②]其中，政治认同为核心，历史、语言和文化认同在某种程度上就是对当下政治认同的投射与反映[③]。

政治认同主要表现为对当前国家政治制度、政治道路和领导力量的认知、认可和认同。就我国而言，就是对我国中国特色社会主义制度、中国特色社会主义道路、中国共产党的性质宗旨、执政方式和执政地位的认知、认可和认同。

对一个国家的历史的了解是建立历史认同的基础。历史认同主要表现在对中华文明悠久的历史以及党史、国史的认同。习近平总书记指出："历史是最好的教科书。学习党史、国史，是坚持和发展中国特色社会主义、把党和国家各项事业继续推向前进的必修课。这门功课不仅必修，而且必须修好。"

文化认同是具有文化自信，尊重中华民族的优秀文明成果，能传播弘扬中华优秀传统文化和社会主义先进文化。文化认同是文化自信的根基和源泉。青少年文化认同的核心是社会主义核心价值观教育，立足中国传统文

---

① 林崇德.21世纪学生发展核心素养研究［M］.北京：北京师范大学出版社，2016：207.

② 马文琴.全球化时代我们如何进行国家认同教育［J］.人民教育，2015（10）.

③ 季成伟.思想政治学科核心素养的思考与践行——以"国家认同"素养为例［J］.中小学德育，2017（6）：16-19.

化，凸显时代特征，注重对青少年的内在引导，完善文化认同的机制建设，增强青少年文化认同的内在动力，从而帮助青少年实现对中国特色社会主义文化的认同。[1]

第三节　国际理解

国际理解素养是学生发展核心素养的重要内容，在经济全球化的背景下，开展国际理解教育，培养具有国际视野和全球素养的世界公民是教育应该承担的责任。

一、国际理解教育的内容

国际理解素养是个体在面对多元世界、不同文化和人类共同利益等问题时所具有的知识、能力和态度，以宽容、尊重、合作、共生为主要价值取向。[2]《中国学生发展核心素养》中国际理解教育包括：具有全球意识和开放的心态，了解人类文明进程和世界发展动态；能尊重世界多元文化的多样性和差异性，积极参与跨文化交流；关注人类面临的全球性挑战，理解人类命运共同体的内涵与价值等。[3]

开展国际理解教育，还需走出以下认识上的误区：不能把国际理解教育等同于对外交流活动教育；不能把国际理解教育等同于人与人的差异教育；不能把国际理解教育等同于文化差异的了解教育；不能把国际理解教育等同于知识教育。[4]

---

[1] 辛棋，张彦惠.正视和面对：加强青少年文化认同教育［N］.学习时报，2018-7-6.

[2] 印晓明.国际理解教育课程开发的南菁实践［J］.江苏教育，2019（3）.

[3] 核心素养研究课题组.中国学生发展核心素养［J］.中国教育学刊，2016（10）.

[4] 陈红.中小学开展国际理解教育的价值及路径［J］.人民教育，2014（15）.

二、国际理解教育的实施

（一）开发校本课程，开展多元文化理解教育

国际理解教育要求培养初中生的综合素养，理解、宽容、尊重的价值观是各学科追求的人文价值观。因此，国际理解教育不仅仅是对于外国知识内容的了解，更是一种态度，是一种学习方式，是一种生活习惯，一种理念。因此，开展好国家课程，开发好校本课程，将国际理解教育渗透于各学科教学中，真正做到提升学生素养，提高学生能力。

因此，珠海市文园学校开展国际理解教育，首先把学科教学与国际理解教育相结合，将国际理解教育理念渗透在学科教学之中，充分挖掘跨学科主题，即学科教育与国际理解教育内容的交集。它们既是学科真正需要完成的教学内容，也渗透国际理解教育理念，以发展学生核心素养，增强国家认同，增进国际理解。

为加强国际理解教育，让学生初步具有全球意识和开放的心态，了解世界发展动态和多元文化，积极参与跨文化交流，落实核心素养发展要求，珠海市文园学校组织编写《看世界》教育国际化系列校本教材。珠海市文园学校国际理解教育校本课程开发涉及德育、英语、政治、历史、地理和生物多个学科，内容涵盖国际礼仪、语言、国际共同或热点话题三大类。具体包括德育方面的校本教材《识礼仪，行天下》，英语校本教材《知珠海，话中国》，政治校本教材《寰宇政治》，历史校本教材《博古通今》，地理校本教材《学地理，观四海》和生物校本教材《生物视角看"生活"》。

以政治校本教材《寰宇政治》为例，课程编写和开发以《义务教育思想品德课程标准（2011年版）》《中国学生发展核心素养》和《青少年法治教育大纲》为根据，目的是让学生们在中外对照和比较的过程中，了解国情历史，加强文化自信，增强国家认同；具备全球意识和开放的心态，加强国际交流，增进国际理解。教材内容非常丰富，既有介绍中外文化比较的《世界文化之旅》，也有涉及中外政治比较的《各具特色的国家政权组织形式》，还有对中外核心竞争力介绍的《中美创造能力比较》；既有对珠海本地的介绍《珠海对外开放掠影》，也有在互联网背景下的《网络时代下知识产权的保护》，更有对各国的《国籍趣味谈》。

校本课程《寰宇政治》的实施目标和计划

章节	课程名称	课程目标	课程内容
第一课	世界文化之旅	了解文化的多样性和丰富性，理解因文化不同而导致行为方式的差异，既尊重本民族文化的价值，对本民族的文化有强烈的自豪感，同时又尊重其他民族文化的价值，能够以平等的态度与其他民族和国家的人民友好交往，拥有开放的胸怀	主要介绍文化的多样性和丰富性，理解因文化不同而导致行为方式的差异，学会面对文化差异时应该持有的正确态度
第二课	网络时代下知识产权的保护	了解网络时代下有关知识产权方面的法律知识、基本作用和意义，增强学生依法维护智力成果的能力，树立正确的知识产权观	介绍知识产权的含义，解析网络时代下的知识产权保护的案例，从而充分认识知识产权保护的重要性，共同探讨网络时代知识产权保护的途径
第三课	"国籍"趣味谈	了解什么是国籍，国籍的取得和丧失的情形，知道获得世界主要国家国籍的途径，明白中国对于双重国籍的态度和发展趋势，理解国籍对个人与国家关系的重要意义，深化国家观念，培养国际视野	介绍国籍的概念、国籍的取得与丧失和各国国籍加入途径，共同探讨双重国籍问题
第四课	中美创造能力比较	知道什么是创造，了解中美两国创造实力，增强自我创造的意识和能力。增强努力学习、积极进取、开拓创新的精神，树立成才成人、报效祖国的志向，树立开放的胸怀和世界的眼光	本课主要是对中美两国的国家性质、经济制度进行对比，了解我国在哪些方面具有创造优势。同时通过中美两国企业实力的比较，了解我国创造实力的短板，为提升青少年的责任感，弘扬创造精神提供契机

（二）加强互访交流，搭建师生国际理解平台

为增强学生的国际理解，加强国家认同，培养国际视野，珠海市文园学校努力抓住各种机遇，积极为师生搭建国际交流平台，与国外学校建立联系，开展双向文化交流活动。作为珠海市外事单位对外交流的窗口学校，在与国际友好城市交流活动中承担文化教育交流的任务，与市外事局共同接待了来自加拿大本那比市、瑞典耶夫勒市、日本横滨市等政府教育访问团、校长、教师和学生的来访交流。

　　为增进国际的交流与合作，开展师生互访互学友好交流，2012年起，珠海市文园学校开始探索实践教育国际化的新思路，学校"蔚蓝色"少年弦乐团和合唱团多次前往欧洲和美国进行艺术交流。2015年，我们与美国加州两所"蓝丝带"优质学校——维乐士和卡佩思诺缔结为姊妹学校。学校多次组织学生前往美国友好学校参加冬季和夏季游学活动，成效显著。学校为师生发展搭建了新的平台，使学生们感受世界多元文化，立足中国情怀，开拓国际视野，增强国际竞争力。

第三章

学校培育学生责任担当素养的实施策略

当前，学校德育工作中，责任教育普遍得到重视，但在实施策略方面还存在一些问题，在德育效果方面存在差异。这主要是因为学校主要领导对责任教育的目标还不够明确，实施的策略还较为单一、线性。比如，我们经常看到学校的责任教育还停留在"表态负责"阶段，即处在教师说教、学生表态的极其肤浅的层面上，教育者过分看重知识教学，把学生做出的各种方式表态看作教育的成果，止步于学生知晓了责任。再如，上思想品德课时，教师大谈"什么是责任""我们要担负什么责任"等内容，学生通过听讲、阅读教科书中的内容，正确回答教师提出的与责任相关的问题就认为完成了责任教育。又如，在语文课程以"责任"为题的作文中，学生谈对责任的认识或关于责任的事件就完成了学科教学中渗透责任教育。还有，在学生处组织的感恩活动中，请专家给学生讲了一场对父母感恩、对自己负责任的报告，就认为完成了一次成功的责任教育。传统班会课上主题为"我的责任"中的一个一个案例的课件展示等，这只是让学生了解到了责任是什么，但没有解决如何承担责任的问题，还属于空谈阶段。有些学校的责任教育则停留在"被动负责"阶段，仅以学校的常规考评制度约束学生，以简单的处罚代替责任教育，学生只是被动地服从于学校的管理，被动学习、被动参加劳动、被动完成作业、被动参与各项活动等。一旦没有了约束，学生就没有了方向，基本的行为习惯都没有形成，更谈不上责任担当了。

前面我们已经提到，责任担当素养具体包括三个要点：社会责任、国家认同和国际理解。学生的责任担当素养则包含三个层次：一是认知层次，明确责任，即明确担当什么；二是探讨层次，即途径在哪儿，如何承担责任；三是知行合一、践行层次，即用实际行动承担责任。学校实施责任担当素养的培育有六个路径：课程育人、文化育人、活动育人、实践育人、管理育人、协同育人。总而言之，学校责任教育要以"三个要点"为主要内容、"三个层次"为主要目标和"六个路径"为主要抓手。

德育工作重在落实，要把德育的目标和内容通过多种途径落实到学校日常管理的各方面和各环节中，在总结提炼各地德育工作的主要经验和做法的基础上，进一步突出可操作性。《中小学德育工作指南》提出了"六大实施途径"，即课程育人、文化育人、活动育人、实践育人、管理育人和协同育人。

第一节　课程育人

传统的课堂体系偏重于对学生知识的传授，对学生责任担当意识的培养往往只局限在道德与法治课、班会课等德育课的范畴之内，教学方法也往往以抽象的理论知识讲解，依据课本内容开展"我问你答式"的对台词表演，甚至是教师独白式的演讲，完全忽略了学生的认知规律和育人目标。近年来，由于教育系统的高度重视和大力提倡，教学方式方法方面的改革有了比较大的进步，不仅德育课程有了很大的改观，在其他学科的教学中也强调渗透育人的功能。如今，很多教师都在教学一线探索着学生乐于接受的方式开展教育活动。《中小学德育工作指南》明确提出："充分发挥课堂教学的主渠道作用，将中小学德育内容细化落实到各学科课程的教学目标中，融入渗透到教育教学全过程。"

一、德育课程

《中小学德育工作指南》明确指出，要"严格落实德育课程。按照义务教育、普通高中课程方案和标准，上好道德与法治、思想政治课，落实课时，不得减少课时或挪作他用"。

初中开设道德与法治课程，是学校课程育人的主阵地。《初中思想品德课程标准（2011年版）》中明确指出，本课程"是一门以初中学生的生活为基础，以引导和促进初中学生思想品德发展为根本目的的综合性课程，是学校课程育人的主阵地。《思想品德》以初中学生逐步扩展的生活为基础，以学生成长过程中需要处理的关系为线索，有机整合道德、心理健康、活动、国情等方面的内容进行科学设计"。在思想品德课程中，培育责任担当素养正是其中非常重要的内容。以人教版为例，《思想品德》九年级全一册第一单元的课题为"承担责任服务社会"，教学内容和教学目标具体整理如下。

第一单元　承担责任服务社会

课次及课题	节次及课题	教学目标
第一课　责任与角色同在	第一节　我对谁负责，谁对我负责	（1）知道责任的含义及来源；懂得人因不同的社会身份而负有不同的责任；懂得每个人应该对自己负责；知道责任的表现和意义，了解不负责任的后果 （2）能够分清责任来源；能够随着角色的变换，调节角色行为，承担不同的责任；能够为自己负责，也为他人负责 （3）对自己的责任有明确的认识，增强责任意识；愿意为自己的行为负责；对那些为自己、为社会承担责任的人心怀感谢之情
	第二节　不言代价与回报	（1）懂得承担责任会得到回报，但同时也要付出一定的代价；有些责任即使不是自愿选择的，也应尽力承担好；了解不讲个人得失、无私奉献者的事迹 （2）能够正确评估承担的代价和回报，做出最合理选择，能为自己的选择负责 （3）有足够的勇气为自己的选择承担相应的责任，以积极的态度承担那些不是自愿选择而应该承担的责任；崇敬那些不言代价与回报而无私奉献的人，努力做一个负责任的公民
第二课　在承担责任中成长	第一节　承担关爱集体的责任	（1）集体利益与个人利益相互依存，集体应充分尊重和保护个人利益，个人更应积极关心和维护集体利益，关爱集体、人人有责 （2）具有正确认识集体利益与个体利益关系的能力；具有关爱集体的实践能力，自觉维护集体的荣誉和利益的行为能力，发扬集体的好作风和能力，善于团结他人的能力 （3）"我是集体一员"的归属感；关爱集体和社会的责任感和道德情操；树立"承担责任光荣，推卸责任可耻"的责任意识；体验"团结就是力量"的自豪感，体验享受承担责任的快乐

课次及课题	节次及课题	教学目标
第二课　在承担责任中成长	第二节　承担关爱社会的责任	（1）学生懂得作为公民在做好本职工作的同时，要胸怀天下，承担关爱社会的责任，主动服务社会，树立"我为人人，人人为我"的社会意识；"天下兴亡，匹夫有责"，维护国家的尊严是每个公民应尽的责任，社会需要互助、彼此关爱 （2）能够拥有关爱社会的实践能力，热心公益、服务社会的能力 （3）胸怀天下，树立"天下兴亡，匹夫有责"的社会情怀
	第三节　做一个负责任的公民	（1）学会信守承诺、勇担过错，自觉做一个负责任的公民 （2）具备做一个负责任的公民的能力；具备慎重许诺、坚决履行诺言的能力；自主反思自己责任的能力，具备学会承担责任、努力履行责任的能力 （3）在承担责任中成长，树立努力做一个负责任公民的人生追求

以上资料来源于《思想品德》九年级全册教学参考。[①]

案例

九年级上册《思想品德》第一课教学设计

《思想品德》九年级第一课第一节"我对谁负责　谁对我负责"教学设计

第1课时　认清自己的角色　承担自己的责任

一、教学目标

知识与技能：

1. 知道责任的含义、责任的来源；

2. 懂得人因不同的社会身份而负有不同的责任、每个人应该对自己负责；

3. 知道负责任的表现和意义，了解不负责任的后果。

情感、态度与价值观：

1. 对自己的责任有明确的认识，增强责任感；

2. 对那些为自己、为社会承担责任的人心怀感激之情。

二、教学重点和难点

重点：责任的概念，责任的来源。

[①]《思想品德》教学参考书.

难点：履行责任对自己和他人的意义；明确责任，培养责任意识。

三、教学过程

导入新课：

选取生活中的一个场景：早晨来到学校，班干部、课代表收作业，小明作业本没有装进书包，落在家里。老师让小明给家长打电话核实。小明妈妈把作业本送到学校，并向老师解释，早晨给小明做完早餐，在给小明准备上学用品时，忘把作业放进书包里，一再道歉。

思考：

（1）小明妈妈应该道歉吗？

（2）你认为小明的学习用品应该由谁来收拾？为什么？

（3）如果你是小明的同学、朋友，你会如何给小明讲道理？

（预习教材，思考问题：责任是什么？）

（一）我的角色　我的责任

1.责任的含义

学生分组讨论。

提问：（1）作为中学生，整理学习用品是自己的家长应该做的吗？

（2）班干部检查作业、老师核实情况都是他们该做的吗？

思考：

从这个事例中是否明白了什么是责任？

教师总结：生活中，每个人都有自己的角色，都有自己应该做的事，也就是自己的责任。随着年龄的增长，生活范围的扩大，自己需要承担的责任也逐渐增多。

小明不应该让妈妈准备自己的上学用品，也就是说，小明应该自己做这个事情。

归纳责任的含义。责任应包含两层含义：责任是一个人分内应当做的事情，责任是不应该做某些事情。

学生分组，在家庭、学校、社会各领域当中选择一个角色，探讨在这个领域中该做和不该做的事情，填写在课本的表格中。然后将小组讨论的结果在全班进行交流。

生活中的角色

	应该做的事情	不应该做的事情
家庭	体贴孝敬父母	不应该用粗鲁的态度对待父母
	承担一定的家务	不应该对父母提出过分的要求
学校	上课专心听讲	不应该逃避打扫教室卫生
	帮助遇到困难的同学	不应该抄袭作业
社会	自觉遵守交通规则	不应该偷别人的东西
	在公交车上给老人让座	不应该随地吐痰

小结： 在现实生活中，我们每个人都有自己应该做的事情，也有不应该做的事情，责任就是一个人应该做的或者不应该做的事情。把自己该做的事情努力做好，不做不应该做的事情，这就叫负责任。

2. 责任的来源

准备几个纸板，上面分别写上医生、警察、教师、商贩等，学生分组，每组派代表抽取一个纸板，根据纸板内容，讨论有哪些责任，负责任和不负责任的表现，对我们生活的不同影响。

教师总结： 不同的角色，责任也不同；责任产生于社会关系之中的相互承诺。具体的责任来自：职业的要求、法律规定、传统习俗、公民身份、道德原则等等。

不同的角色，不同的责任

	角色	责任
1	医生	治病救人，恪守医德，精湛医术
2	警察	公正执法，忠诚人民，无畏艰险
3	教师	教书育人，为人师表，做学生的良师益友
4	商贩	守法经营，诚信为本，童叟无欺
5	学生	勤奋学习，全面发展等

3. 承担责任的意义

我们在社会中生活，扮演着不同的角色，而每一种角色往往都意味着一种责任。要扮演好自己的角色，必须尽到自己的责任。只有人人都认识到自己扮演的角色，尽到自己的责任，才能共同建设和谐美好的社会，共享美好的幸福生活。

（二）谁在对我负责，我要对谁负责（难点）

1. 自己要对自己负责

作为小明的同学、朋友，应该告诉小明，自己的事情自己做，自己对自己负责。如果对自己不负责任，自己就要对这种不负责任所造成的后果负责。

只有对自己负责的人，才能享有真正的自尊，也才有资格、有信心、有能力承担起对他人、对社会的责任。如果不能自觉承担相应的责任、对自己负责，就永远无法长大成人。

出示图片：父母陪读，危险骑行。

2. 他人对我负责（我也要对他人负责）

视频片段：蔡明、郭达小品《便衣护士》。

这段视频批评讽刺了什么现象？

如果医生护士等都是这种工作态度，我们的生活会出现多少烦恼甚至困难。

教师总结：我们每天看似普通平凡的生活，正是很多人在承担责任，才有正常的社会生活秩序。以小明为例，妈妈辛勤工作，每天做家务，才有小明衣食无忧的生活；每天上下学，交警顶烈日执勤巡逻，保证大家出行安全；在学校，班干部、课代表尽职尽责为大家服务，教师认真负责，教书育人。这些人都不仅对自己负责，也在对他人、对社会负责。我们可以想象，如果他们不负责任，我们的生活会变成怎样？正是由于许许多多人在承担着各自的责任，才有我们的健康成长和快乐生活。对这些人，我们应心存感激。

借用古人"吾日三省吾身"的话，我们每个人是不是应该每天自我检查一下，今天我做到负责任了吗？当你有了责任意识，你会感觉自己好像懂事了、长大了，同时会感觉到一种成长的喜悦。

本课小结：我们都生活在社会中，是社会一分子。任何人脱离了社会，就不可能生存和发展，更不可能成就任何事业。社会是一个整体，人们在社会生活中都扮演着不同的角色，承担着不同的责任。我对他人负责，他人也对我负责；我对自己负责，说到底，也就是对他人、对社会负责。我们每个人都应该具有责任感，努力做一个负责任的人。

四、课堂练习

（略）

（珠海市文园中学张磊老师提供）

二、其他国家课程

除了思想品德课程外，初中国家课程包括：语文、数学、英语、物理、化学、历史、地理、生物、美术、音乐、体育与健康、信息技术、综合与实践以及心理健康课程等。

《中小学德育工作指南》对其他课程的育人功能也提出了要求："发挥其他课程德育功能，根据不同年级不同课程特点，充分挖掘各门课程蕴含的德育资源，将德育内容有机融入各门课程教学中。"那么，初中是如何设置课程呢？教育部关于印发《义务教育课程设置实验方案》的通知（教基〔2001〕28号），明确了课程设置及比例，具体课程安排及课时如下。

课程安排及课时表

课程 ＼ 年级	七年级（课时/周）	八年级（课时/周）	九年级（课时/周）
思想品德	2	2	2
语文	6	5	5
数学	5	4	4
外语	4	4	4
体育与健康	3	3	3
音乐	1	1	1
美术	1	1	1
物理	—	2	3
化学	—	—	3
地理	2	2	—
生物	2	2	—
历史	2	2	2
信息技术	2	2	2

年级 课程	七年级（课时/周）	八年级（课时/周）	九年级（课时/周）
综合实践活动	4	4	4
地方课程与学校课程			
周课时总数	34	34	34

其中，需要说明的有如下内容。

（1）"综合实践活动"主要包括：信息技术教育、研究性学习、社区服务及劳动与技术教育。还包括大量非指定领域，如班团队活动、学校传统活动、学生的交往活动、学生个人或群本的心理健康活动等。

（2）"地方课程与学校课程"中安排：法治教育、文明礼貌、安全教育、民族知识教育、人民防空教育、心理健康教育、环境教育、禁毒教育、预防艾滋病教育、当地历史等课程。

其中，综合实践活动课程、地方课程与校本课程有交叉的地方，根据活动内容二者可以同时进行，统一安排。

作为德育的重要内容——培育责任担当素养在各学科教学中的渗透是非常重要的。宋朝华作为初中数学教师，在20多年的数学教学中，通过多种方式和渠道渗透责任意识。

（一）数学课程育人

1. 数学教学内容□渗透责任意识的培育

《义务教育数学课程标准（2011版）》的数学课程总目标中指出，在数学教学课程设计及教学活动组织中，要同时兼顾"知识技能""数学思考""问题解决"和"情感态度"四个方面的目标。这些目标的整体实现，是学生受到良好数学教育的标志。它对学生的全面、持续、和谐发展有着重要的意义。责任意识的培养是一个重要的内容。

（1）适当增加数学史的教学内容，培养学生责任素养

我国在认识数学史的德育功能的过程中，经历了一个由较为狭隘的民族主义到多元的、包容的国际主义的过程。

1990年，我国颁布的《全日制中学数学教学大纲（修订本）》中指出："要通过介绍我国的数学成就，数学在社会主义建设中的应用和成就，激发民

族自尊心和爱国主义思想感情，使学生逐步明确要为国家富强、人民富裕而努力学习。"于是，我们就看到严敦杰先生著的《中学数学课程中的中算史材料》序言中的"这本书的内容，主要选录和中学数学课程有关的中国古代数学发明，选录的标准是：一、数学上的定理和公式属于中国人最先发明的；二、数学上的定理和公式属于中国人独立创造获得的"。不难看出，当时的我们还停留在比较狭隘的"爱国主义""民族自豪感"上。

于是，张奠宙先生提出关于数学史知识运用的四个要求。

第一，爱国主义和国际意识的统一。在数学教学中，教师通过对中外数学史的介绍，使学生明确中国古代数学的辉煌成就，了解中国古代数学发展过程中涌现的众多数学家的光辉成就，在正确、全面介绍历史与时代背景的基础上，通过不同方法的对比，进行国际主义教育。例如，勾股定理的300多种证明方法，通过欧几里得的证明方法与赵爽弦图的证明方法的对比，体现赵爽的证明方法的优越性，从而理解北京召开的2002年国际数学家大会选用赵爽弦图作为大会会标的理由，激发学生爱国主义情感和民族自豪感，从而形成强烈的民族文化自信和担当历史使命的责任意识。

第二，数学史上的成就不能只论迟早，不可用比别人早多少年作为衡量数学成就的标准。引导学生正确理解成就的意义，在数学发展史中体现对事物的多元化评价，进一步提升学生对事物发展的认识。

第三，以祖冲之与刘徽等为例，更全面地认识中国数学史和数学家。引导学生深刻理解中国人民在数学史的伟大作用，从而提升责任意识，引导学生进行"作为中国新时代的接班人，我们肩负的使命是什么"的思考，激发爱国主义情感和责任担当的决心。另外，通过介绍我国数学家的生平、轶事，数学思想的起源与演进，让学生了解数学家的勤奋刻苦的精神与坚韧不拔的意志品质，以及为真理而奋斗的献身精神，激发学生的学习兴趣，培养优良的道德品质，对担当历史使命的艰辛和困难有充分的了解，做好在数学学习上攻坚克难的思想准备。

第四，以发展人类文化的观点讲解数学史[1]。从数学发展史来看，人类文

---

① 张奠宙，李士锜，李俊.数学教育学导论［M］北京：高等教育出版社，2003：149-153.

化的发展是全世界人民共同努力的成果，不是哪个个人、哪个民族、哪一个国家可以独立完成和推进的。唯有站在前人的研究成果的基础上，才能够发展出更加先进的理论和实践成果，数学的发展也正是如此。我们国家从来都是与世界人民并肩共进的，历史的发展、人类文化的发展都少不了中华儿女的身影。所以，我们要从横向的国际视野和纵向的时代发展视野看问题，将我们的发展与人类文化的发展相联系，引导学生感受自身的价值和肩负的责任，力争具备担当人类文化发展的历史使命。

1996年，著名数学教育家钟善基先生就提出，数学教学中介绍我国古代数学成就的要求。他指出，学校教学中设数学史内容，从根本上概括说是古为今用。建议一，正确介绍史实，如勾股定理、负数等的历史介绍。建议二，介绍时代背景，如讲解简单几何图形面积计算公式时要学生思考为什么中国古代数学中没有平行四边形，而古希腊数学有平行四边形等。建议三，进行方法对比，如勾股定理的多种证明方式，求三角形面积的海伦公式与秦九韶法，一元二次方程的配方法与《九章算术》。建议四，密切结合课本。这些建议对今天数学史融入数学教学仍有指导意义。[①]

（2）钻研教科书，挖掘渗透责任教育的内容

教科书的内容体现课程标准的基本理念及课程的总目标，《义务教育数学课程标准（2011年版）》在"情感态度"目标中指出，"在数学学习过程中，体验获得成功的乐趣，锻炼克服困难的意志，建立自信心""养成认真勤奋、独立思考、合作交流、反思质疑等学习习惯""形成坚持真理、修正错误、严谨求实的科学态度"。这些目标的确立，要求学生在学习过程中有认真勤奋的态度，独立思考、反思质疑的学习习惯，严谨求实的科学态度和克服困难的意志等，而合作交流则是对同伴负责等。在人教版七年级、八年级、九年级数学教科书中，我们可以看到还有很多责任教育的素材，供教学时渗透培育学生责任担当素养。

① 实际应用问题中的责任教育

九年级上册的首页，是第二十一章"一元二次方程"的导入内容，这里

---

① 汪晓勤，韩祥临.中学数学中的数学史［M］北京：科学出版社，2007：7.

创设的背景材料是"设计人体雕像时，使雕像的上部（腰以上）与下部（腰以下）的高度比，等于下部与全部（全身）的高度比，可以增加视觉美感"。插入的图片采用的是校园中的雷锋雕像。党的十八大以来，习主席强调"雷锋精神是永恒的，是社会主义核心价值观的生动体现"。宋朝华在本课教学引入中，设计了一些关于雷锋的问题："谁知道这位英俊的战士是谁？"学生异口同声地回答："雷锋！""全心全意为人民服务是雷锋精神的精髓，希望同学们以雷锋为榜样，做一个有担当、负责任的人；努力学习成为对社会做出贡献的人。老师期待你们成才的那一天。那么，我们今天在学过一元一次方程的基础上，开始进一步学习一元二次方程。"几句对话引入课题，营造了积极向上、充满正能量的氛围。

再如，人教版九年级数学上册，在讲到垂径定理时，教材选取了赵州桥的例子，题目的描述是这样的："赵州桥是我国隋代建造的石拱桥，距今约有1400年的历史，是我国古代人民勤劳与智慧的结晶。它的主桥拱是圆弧形，它的跨度……"由于《赵州桥》为人教版三年级语文上册的一篇说明文，所以学生对其有一定的了解。到了九年级，数学课堂上再次接触这座桥时，教师以一个问题："这座桥就是著名的赵州桥啊，好像没什么了不起嘛？！为什么是世界名桥啊？"引发学生的思考。针对青春期的充满叛逆心理、乐于表现的学生，以"抑"引"扬"、以"弱"引"强"、以"退"引"进"是教师们经常使用的引导方式。学生必然会将自己对赵州桥的了解表达出来，互相补充和完善，让这个1400多年前的名桥再一次引发学生的民族自豪感和对民族文化的自信。

这一类的材料在初中阶段的数学教材中非常多，只要教师善于发现和挖掘，巧妙设计教学方式，必将收到良好的德育效果。

② 阅读材料中的责任教育

在数学教科书每一章节的后面都设计了一些阅读材料，这些阅读材料在课堂教学中经常会被教师忽略或无视，错失了一次课程育人的良机。反之，如果教师给予学生正确的引导和充足的时间，让学生在学习数学知识之时有高尚的情感体验，进而对学习数学产生责任感和使命感，这有利于促进学生学习的内动力，提高学生学习数学的热情与兴趣，也提升学生解决数学问题的动力和韧劲。例如，人教版教科书九年级上册第二十一章"一元二次方程"中，就设计了一个"阅读与思考"内容，其中用图文的形式介绍了我国著名的数学家华罗庚的事迹："这是著名数学家华罗庚在日本去世前几个小时做学术报告、讲解优选法的照片。华先生说过，他要工作到人生的最后一刻。他实践了自己的诺言。"这样生动的责任教育的资料经常被教师们忽视，教师只重视学生数学知识和技能的提升，而忽略德育的渗透，教科书良好的设计意图被忽略，非常可惜。

再如，八年级下册第十六章"二次根式"中，有一篇阅读与思考材料，材料中客观介绍了古希腊几何学家海伦（约公元50年）和我国南宋时代数学家秦九韶（约1202—约1261）分别发现同一个求三角形面积的公式，即"如果一个三角形的三边长分别为a，b，c，记 $p=\dfrac{a+b+c}{2}$，那么三角形的面积为 $S=\sqrt{p(p-a)(p-b)(p-c)}$"，我们称之为"海伦—秦九韶公式"。这个材料，使学生理解，数学科学的发展和进步是依靠全世界人民共同的智慧和努力推进的，进而也推动着人类发展和进步。我们在强调爱国主义、民族自信的同时，还应该理解国家与国际之间的关系，即具有全球意识和开放的心态，了解人类文明进程和世界发展动态，理解人类命运共同体的内涵与价值。

③ 实践活动中的责任教育

在《义务教育数学课程标准（2011年版）》中，数学教学内容被分为四个板块："数与代数""图形与几何""统计与概率"和"实践与综合应用"，其中"实践与综合应用"为全新内容。增设这个板块的目的是希望"帮助学生综合运用已有的知识和经验，经过自主探索和合作交流，解决与生活经验密切联系的、具有一定挑战性和综合性的问题，以发展他们解决问题的能力，加深对'数与代数''图形与几何''统计与概率'内容的理解，体会各部分内容之间的联系"。[①]结合学生的年龄特点，初中学段以"课题研究"为重点开展学习活动，即要求他们在面对一些具有挑战性的研究课题时，能够运用所学知识与方法进行思考、探索，进而解决问题，充分体现了王阳明的"知行合一"学说，即"知是行之主意，行实知之功夫；知是行之始，行是知之成；已可理

---

① 史宁中.义务教育数学课程标准（2011年版）解读［M］.北京：北京师范大学出版集团，
2012：19.

会矣"[1]。

于实践中渗透责任教育有很大的研究空间。《义务教育数学课程标准（2011年版）》指出："'综合与实践'是以一类问题为载体、以学生自主参与为主的学习活动。"教学建议是："'综合与实践'的教学，重在实践、重在综合。重在学生积极动脑、动手、动口。在学生自主、积极、主动参与活动的过程中，发展学生的动手、动口能力，培养学生学习数学的兴趣，增强学生学习数学的信心。"不难看到，在数学实践活动中，学生在与他人合作交流过程中，不仅要承担活动中某项任务，还要学会与他人配合、交流思想、达成共识等，并针对他人所提出的问题进行思考，形成评价和反思的意识等。学生在活动中感受成功的快乐，获得合作中人际关系的体验，失败时同伴共议对策、寻求解决办法、最终解决问题的友情体验，以及独立思考，敢于创新，勇敢发表自己的想法与观点等，这些都是人生非常宝贵的经历。初中学生正值少年，这一时期是人生观、世界观、价值观形成的关键时期，数学综合与实践活动的内容、活动过程都是培育学生责任担当素养的良机。

2. 结合数学学科特点，实现责任担当素养的培育

数学课程在学生发展上所特有的育人功能，从根本上看是数学所具有的特性赋予的。数学具有抽象性、逻辑严谨性、应用广泛性，并具有独特的符号语言系统，其所具有的模式化的数学思考方法，在培养学生理性思维、创造能力以及促进学生"知、情、意"全面发展上具有不可替代的作用。《义务教育数学课程标准（2011年版）》指出：数学课程能使学生掌握必备的基础知识和基本技能，培养学生的抽象思维和推理能力，培养学生的创新意识和实践能力，促进学生在情感、态度与价值观等方面得到发展。义务教育的数学课程能为学生未来生活、工作和学习奠定重要的基础[2]。

于是，数学学科的特点和其对义务教育阶段学生发展方面的特有的育人功能，决定了学生学习数学的过程。"数学学习应当是一个生动活泼的、主动

---

① 郦波.五百年来王阳明［M］.上海：上海人民出版社，2017：125.
② 史宁中.义务教育数学课程标准（2011年版）解读［M］.北京：北京师范大学出版集团，2012：19.

的和富有个性的过程。认真听讲、积极思考、动手实践、自主探索、合作交流等，都是学习数学的重要方式。学生应当有足够的时间和空间经历观察、实验、猜测、计算、推理、验证等活动过程。"[1]

综上所述，数学的学科特点在培育学生责任担当素养方面的功能可以归结为以下几个方面。

（1）养成良好的学习习惯。良好的学习习惯包括：认真学习，勤奋刻苦，积极参与探索，勇于坚持真理和纠正错误，及时完成作业等。

（2）养成良好的科学态度，意味着坚持真理，修正错误严谨周密，实事求是。

（3）不怕困难，攻坚克难的意志。这些品质和行为都是学生所必备的。

3. 改革数学教学方法，培养责任担当意识

数学课堂教学中，我们要实现的教学目标各不相同，但是必须要达成以下目标。

一是激发学生的学习兴趣。在义务教育阶段的数学课堂上，教师要将课堂教学的着力点放在激发学生的学习兴趣上，通过教育智慧和教学艺术，充分展示数学的亲和力，把抽象性、逻辑性、应用性强的数学设计成"好玩的数学"，契合学生年龄特点，使之愿意主动投入数学学习，最终达成会学的最终目标。

二是引发学生的数学思考。数学思考是最具价值的数学学习行为，知识与技能的学习离不开数学思考，数学思想和数学能力也需要通过思考来完成。所以，只有带有思考的学习，才是有效的学习。

三是培养学生良好的数学学习习惯。学习习惯，具有非常强的学习动机的内驱力和目标达成的惯性力。所以，想学好数学，就要形成良好的数学学习习惯，它有利于学生通过自主学习形成学习的正向迁移，提高学习效率。同时，良好的学习习惯，可以帮助学生逐步实现由学会到会学的转变。[2]

① 史宁中.义务教育数学课程标准（2011年版）解读［M］.北京：北京师范大学出版集团，2012：71-72.

② 史宁中.义务教育数学课程标准（2011年版）解读［M］.北京：北京师范大学出版集团，2012：71.

四是使学生掌握恰当的数学学习方法。传统的教学中，学生的学习方法较单一，学生学习比较被动。新的课程改革，要求教师重视数学学习方法的培养，在教学的过程上蕴含正确的引导，从而改革学生的学习方式，提高教学效果。

基于此，初中数学教学改革势在必行。如今，数学课堂教学改革浪潮风起云涌，在很多很好的教学方式方法中，潜移默化地渗透着责任担当素养的培育。

（1）翻转课堂等新型教学模式有利于培育学生责任担当素养

信息技术引发了中小学教学方式和学习方式的变革与转型，催生出中小学新的课程形态、教学模式和学习方式。例如，移动互联网+慕课、翻转课堂等，而这些教学方式较之传统的在教室内师生面对面的教学方式而言，对学生的自主性、自学性要求更高，对自我学习的责任担当的要求更高。据宋朝华所知，很多学校都在尝试将翻转课堂的模式引入本校的数学教学中，如东莞市长安实验学校等，学生的学习自主性和学习态度出现较大的转变，教学效果好，学生的自我责任担当意识也得到很好的提升。

（2）"综合与实践"活动有利于培育学生责任担当素养

综合与实践，是教师通过问题引领，学生全程参与，实践过程相对完整的学习活动。活动是综合与实践的主要形态，具体教学环节包括如下：问题引领—探求解法—实践操作—交流评价。综合与实践活动强调学生的活动，学生的学习方法较之传统的课堂教学，甚至是教师独白式的教学，可以说是完全得到转变。综合与实践活动，更强调学生的主动参与和自主学习；强调通过小组学习、合作探究、合理选择工具、有效利用信息等手段解决实际问题。在这样的活动过程中，学生不仅要对自己的行为负责，还要对同伴负责，对小组这个集体负责，最终还要对活动的过程与成果负责。

宋朝华研究初中数学"综合与实践"课程多年，发现学生在综合与实践活动中不仅提升了自己的数学素养和学习兴趣，而且表现得更加有担当，对自己的角色相应的责任非常重视，从而更加主动地努力学习数学知识，以便在活动中更好地承担起自己的责任。这与初中生的年龄阶段有很大的关系。

宋朝华研究的初中数学"综合与实践"课程中，每一个课题都以做"微科研"的方式让学生体验和增强科研意识和能力，在数学活动中实现提升问题意识和培养创新精神的目标。

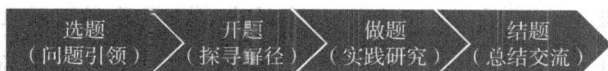

"微科研"的四个环节

结合初中数学教学内容及学生的年龄特点，宋朝华在设计和实施数学"综合与实践"活动课教学时，将"微科研"的四个环节分解为六个具体的教学流程。①

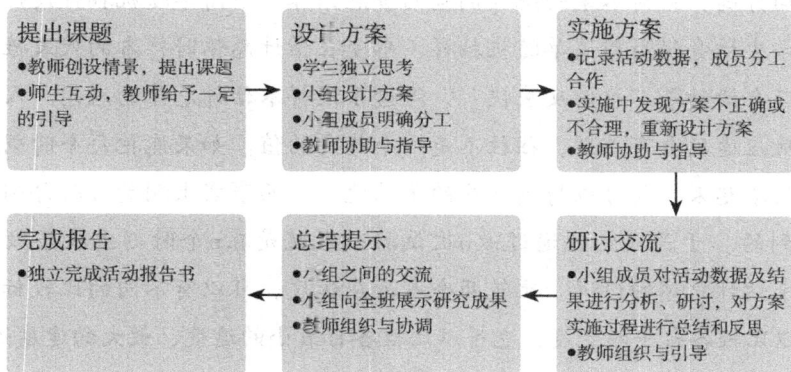

六个具体的教学流程图

在组建活动小组时，宋朝华将原来的5人、6人小组，逐渐改革为3人小组，发现较之多人组，3人组的结构更合理，更利于全体学生的主动参与，责任更明确，交流更充分，教学效果更优。就此，宋朝华将开展进一步的研究。

在数学综合与实践活动中，学生各自承担一定的角色，并担当角色赋予的任务。由于活动的目标和内容明确，活动过程中学生的主动性得到充分的调动和发挥，对教师的依赖降低到极点，只能通过小组成员共同的努力，才能够完成活动内容，因此培育学生责任担当素养的效果好。

案例：

以小见大——第十章数据的收集、整理与描述

一、教学内容分析

第十章"数据的收集、整理与描述"是初中数学"统计与概率"领域独

_____

① 宋朝华.实践中探索数学奥秘［M］.北京：民主与建设出版社，2017：34-35.

立于"数与代数"和"图形与几何"领域的内容，主要学习收集、整理、描述与分析数据等处理数据的基本方法，从数据中提取信息并进行简单的推断，以及简单随机事件及其发生的概率，通过收集数据、整理、描述和分析数据的活动，了解数据处理的过程，了解全面调查和抽样调查两种收集数据的方式，初步建立数据分析概念，增强学习统计的兴趣。[①]

本节课有两个数学活动。第一个活动是用简单随机抽样方法估计全班同学的平均身高，针对本章的统计调查的重点内容——简单随机抽样设计的，目的是让学生切身经历用简单随机抽样，感受在估计总体时样本的代表性和随机性。第二个活动是"谁的反应快"，渗透了用样本估计总体的思想。人在不同时刻的反应速度会有差别，往往不是一个确定的值。如果能把每个时刻的反应速度都收集起来，就可以得到反应的平均速度，而事实上测量每时每刻的速度是做不到的。于是我们就通过做n次试验，也就是在n个时刻上收集数据作为样本，来估计总体的情况。比较两个人反应速度，可以有不同的比较标准。例如，可以比较各自平均速度，也可以比较各自最小的速度、最大的速度等。

二、活动课的设计意图及特点

（一）活动内容设计及特点

根据本节课的活动内容，活动一的内容设计为学生自己收集、整理原始数据，用已有的数学知识和学习经验，对所得数据进行处理。在处理的过程中，要灵活运用描述数据和分析数据的策略，有较强的实践性和综合性。

本节课中活动二，通过一些小试验来获得数据，再对所得数据进行处理，根据数据处理的结果回答活动中提出的问题，引导学生对数学的好奇心和求知欲，在小组合作活动中积极思考、勇于质疑、敢于发表自己的想法。在自主探究两个数学活动的过程中，小组成员合作克服困难，解决数学问题，感受成功的快乐，建立学好数学的信心。

活动内容及特点设计如下。

———————————————

① 本社.教师教学用书（七年级数学下册）［M］.长沙：湖南教育出版社，2008.

活动内容及特点表

步骤环节	活动内容	活动特点
活动一: 1. 收集数据	学生分成小组,调查并记录全班同学的身高,分别写在事先准备好的小纸片上,将数据输入Excel表格,算出全班同学的平均身高,然后把所有小纸片放在纸盒里	让学生运用已有的数学知识和生活经验收集原始数据,并可借助信息技术知识利用电脑处理部分数据
活动一: 2. 随机抽样	充分搅拌盒中的纸片,每组随意抽取10张纸片作为一个样本,计算纸片上数字的平均值(可借助计算器),将抽取的纸片放回纸盒	体验简单随机抽样的操作流程,让学生分小组合作,学习协作精神和处理数据的方法
活动一: 3. 比较样本	比较每组抽取样本的平均身高与全班的平均身高,让学生谈谈对这个结果的看法	学生经过操作对比,学会对比简单随机抽样的结果与真实结果之间的差别
活动一: 4. 探究发现	重复步骤2若干次,把每次求得的样本的平均身高与全班平均身高做比较,让学生谈谈自己的发现	体验简单随机抽样的合理性与样本选择的随机性,使学生体会样本容量的改变会对整体的估计造成的影响
活动二: 1. 分组准备	2人一组,A同学手握一把尺子上刻度值最大的一端,B同学将拇指和食指对准尺子0刻度值的一端,两指间距离2cm	统一测试标准,分组做好准备,使每组测得的数据具有更好的可对比性
活动二: 2. 测试反应	B同学眼睛看着A同学的手,一旦A同学松手,尽快用拇指和食指夹住这把尺子	用夹刻度尺的方法测试谁的反应快,可操作性强,也通过这种小游戏寓教于乐
活动二: 3. 记录数据	捏住尺子后不要松手,记录下夹住尺子处(手指上沿)的刻度(取值精确到毫米位)	运用所学的统计知识,开展收集数据的活动,主动获取原始数据
活动二: 4. 整理对比	重复试验10次,记录并整理试验所得数据	让学生经历数据收集、处理的基本过程,体会用样本估计总体

（二）活动记录表设计及特点

1. 活动记录表

记录表

数学活动记录表	第十章：数据的收集、整理与描述	
时间：＿＿年＿＿月＿＿日	＿＿年级 ＿＿班 第＿＿小组 姓名：＿＿ 组长：＿＿	
活动	过程	结论
活动一	（1）记录本小组成员的身高，分别写在不同的小卡片上，并将记录的数据输入Excel表格中，待所有组输入数据完毕，利用Excel的函数公式计算出全班同学的平均身高（取值精确到毫米位），然后把所有的小纸片放在一个纸盒里	数据记录＿＿＿＿＿＿ 全班的平均身高＿＿＿＿＿
	（2）充分搅拌盒中的纸片，每组随意抽取10张纸片作为一个样本，计算纸片上数字的平均值（可借助计算器），将抽取的纸片放回纸盒	数据记录＿＿＿＿＿＿ 样本的平均身高＿＿＿＿
	（3）比较每组抽取样本的平均身高与全班的平均身高，让学生谈谈对这个结果的看法	我们发现＿＿＿＿＿＿
	（4）重复步骤2，把每次求得的样本的平均身高与全班平均身高做比较，让学生谈谈自己的发现	数据记录＿＿＿＿＿＿ 样本的平均身高＿＿＿＿ 我们发现＿＿＿＿＿＿ ＿＿＿＿＿＿＿＿＿
	我的收获	
活动二	2人一组，A同学手握一把尺子上刻度值最大的一端，B同学将拇指和食指对准尺子0刻度值的一端，两指间距离2cm；B同学眼睛看着A同学的手，一旦A同学松手，尽快用拇指和食指夹住这把尺子；捏住尺子后不要松手，记录下夹住尺子处（手指上沿）的刻度（取值精确到毫米位） 重复试验10次，记录并整理试验所得数据	我的数据 1.＿＿＿＿　2.＿＿＿＿ 3.＿＿＿＿　4.＿＿＿＿ 5.＿＿＿＿　6.＿＿＿＿ 7.＿＿＿＿　8.＿＿＿＿ 9.＿＿＿＿　10.＿＿＿＿ 最大值＿＿＿＿　最小值＿＿＿＿ 平均值＿＿＿＿ 数值与反应速度有何关系 ＿＿＿＿＿＿＿＿＿
	我的收获	

2. 活动记录表的特点

（1）活动一中步骤1的设计，让学生学会自己收集原始数据、整理数据，并学会有效地运用office办公软件处理简单的数据结果。

（2）活动一中步骤2和活动一中步骤3的设计，让学生亲身体验简单随机抽样的数据结果和实际结果之间的差异，引发学生对所学的统计学知识的思考，调动学生积极性，激发学生兴趣。

（3）活动一中步骤4的设计，通过重复试验，让学生体验简单随机抽样的合理性与样本选择的随机性，使学生体会样本容量的改变会对整体的估计造成的影响。

（4）活动二的设计，让学生将简单试验的数据收集、整理，并进行筛选对比，评估出自己的反应速度，向学生渗透用样本估计总体的思想。

（5）活动一、活动二的"我的收获"设计让学生通过小组合作，分享成果，归纳总结，学会描述数据反映的试验结果，得出自己的见解，获得成功的体验。

（三）活动报告书设计及特点

1. 活动报告书

报告书

数学活动报告书		第十章：数据的收集、整理与描述	
时间：____年____月____日		____年级 ____班 第____小组 姓名：____ 组长：____	
1.	活动一中 全班同学的身高的平均值与本小组算出的平均值进行比较，出现了什么情况？		
2.	活动一中 平均值与实际值如存在较大差异时，如何减小这种差异？		
3.	活动二中 当计算平均数时，如果数据有极端值出现，是否会影响平均数的准确性？如果会，可采取什么方法使结果更准确？		
4.	活动二中 通过多次的试验数据来评估反应速度，是运用了何种数学思想方法？		
自评等级	A□ B□ C□ D□	组评等级	A□ B□ C□ D□
教师评价			
总评等级	A□ B□ C□ D□	教师签名	

2. 活动报告书的特点

（1）问题1让学生思考活动一中收集、整理的数据结果，并通过对比实际数据，对本组实验进行反思；问题2是让学生思考活动一中当实验结果与实际值偏差比较大时采取的统计策略，引导学生得出结论——可以增加样本容量减小这种差异性，使学生体会样本容量的改变会对整体的估计造成的影响。

（2）问题3是引导学生思考并发现，当计算平均数时，如果数据有极端值出现，可采用去掉一个最大值和一个最小值后，求剩余数据平均数的统计策略；问题4是向学生渗透通过样本估计总体的数学思想。

（3）通过适当的等级评价，激励学生学习，帮助学生建立信心。

三、活动设计方案

"数据的收集、整理与描述"活动设计方案

章节	七年级下册第十章
课题	数据的收集、整理与描述
活动内容	（1）用简单随机抽样方法估计全班同学的平均身高 （2）通过样本估计同学的反应速度
活动目标	（1）感受样本估计总体的合理性与随机性，能用样本估计总体 （2）积极参与数学活动，在数学活动过程中，合作交流、反思质疑，体验获得成功的乐趣，锻炼克服困难的意志，建立学好数学的信心
活动重难点	重点：能对试验结果进行合理的解释 难点：对试验过程及试验结果的处理
活动形式	小组协作
活动用具	教师：多媒体平台，PPT课件，Excel表格，抽取卡片的纸盒。 学生：与本班人数相等的小纸片，计算器，带刻度的直尺
活动时间	1课时
活动方案	

活动内容	活动设计		预设达成目标
	教师活动	学生活动	
活动一： 1. 收集数据	教师通过PPT展示实验要求 学生分成小组，调查并记录本组同学的身高，分别写在事先准备好的小纸片上 利用Excel表格 每小组将收集到的数据输入Excel表格中，算出全班同学的平均身高，然后把所有小纸片放在纸盒里	记录本小组数据，按要求依次将收集到的数据输入Excel表格中，并记录表格中算出的全班平均身高值	小组协作收集数据，学会简单的Excel表格的操作运用，并记录好算出的数据结果
活动一： 2. 随机抽样	充分搅拌盒中的纸片，让每组随意抽取10张纸片作为一个样本，计算纸片上数字的平均值（可借助计算器），将抽取的纸片放回纸盒	每组派代表抽取10张纸片作为一个样本，记录好抽取的样本数值，计算样本数字的平均值（可借助计算器），将抽取的纸片放回纸盒	每组体验简单随机抽样的过程，能通过小组协作做好数据的收集和整理
活动一： 3. 比较样本	观察学生实验过程，指导学生处理实验数据，比较每组抽取样本的平均身高与全班的平均身高，让学生谈谈对这个结果的看法	学生通过计算本组的抽样数据的平均值，对比实际数据，总结出小组得到的结论	让学生通过比较发现，切身经历用简单随机抽样抽取结果的代表性和随机性
活动一： 4. 探究发现	重复步骤2若干次，把每次求得的样本的平均身高与全班平均身高做比较，让学生谈谈自己的发现 教师提问：平均值与实际值如存在较大差异，如何减小这种差异？让学生思考并回答	通过重复实验、小组讨论，探究实验结果与实际数据之间的关系，得出结论，思考并回答实验数据与实际值偏差较大时的应对策略	体验了简单随机抽样的合理性与样本选择的随机性，使学生体会样本容量的改变会对整体的估计造成的影响

活动内容	活动设计		预设达成目标
	教师活动	学生活动	
活动二： 1.分组准备	教师通过PPT展示试验要求 2人一组，A同学手握一把尺子上刻度值最大的一端，B同学将拇指和食指对准尺子0刻度值的一端，两指间距离2cm	学生完成分组，做好试验准备	统一测试标准，分组做好准备，使每组测得的数据具有更好的可对比性
活动二： 2.测试反应	B同学眼睛看着A同学的手，一旦A同学松手，尽快用拇指和食指夹住这把尺子	小组成员相互合作，完成反应测试	培养学生团队协作精神
活动二： 3.记录数据	指导学生完成反应测试和数据的收集，使每一组的试验都能顺利完成	捏住尺子后不要松手，记录下夹住尺子处（手指上沿）的刻度（取值精确到毫米位）	运用所学的统计知识，从事收集数据的活动，主动获取原始数据，让学生能独立完成数据的收集及整理
活动二： 4.整理对比	观察学生完成试验，让学生组内与组间分享试验结果，教师提问： （1）当计算平均数时，如果数据有极端值出现，是否会影响平均数的准确性？如果会，可采取什么方法使结果更准确？ （2）通过多次的试验数据来评估反应速度，是运用了何种数学思想方法？	重复试验10次，记录并整理试验所得数据。小组内部及小组间分享测试结果，思考测得数值与反应速度之间的关系，看看谁的反应最快就老师的问题小组间合作探究，得出解决方案，体会数学思想方法	让学生经历数据收集、处理的基本过程，学会整理分析数据，以及合作探究，体会用样本估计总体的数学思想

活动内容	活动设计		预设达成目标
	教师活动	学生活动	
总结归纳布置作业	（1）谈谈你在本节课的收获 （2）老师总结 ①样本估计总体的代表性与随机性，②能用样本估计总体，③表扬表现好的同学 （3）完成活动报告书	学生在组内和全班范围内总结和反思自己的收获	（1）老师引导学生从以下几个方面谈收获：①试验中用到的本章知识，②抽样调查的方法；③数据的处理方法 （2）老师总结概括：①本章知识相关；②抽样调查的思想方法①

通过数学综合与实践活动课程的实施，学生不仅提升了应用意识和模型思想，而且在学习方式、学习方法上得到很大的改进，提升了对数学的学习兴趣和学习成效。同时，教师的教学理念、教学方式方法也得到很大的转变。活动课程的基本特征使学生的主体性在教学过程中得到了高度重视和充分体现。学生对数学的兴趣提高了，合作意识和交流能力得到培养；通过数学活动中的交流，学习和提升了人际关系的处理方式。活动中的角色分工，使学生的责任担当素养的培育有了实践机会。前面我们说过，责任是由人所处的角色确定的，在数学活动中，每位学生都有明确的角色分工，其责任也是明确的。在承担责任的过程中，学生得到了精神上的满足感，促进其责任感的进一步提高。

（二）语文课程育人

宋朝华通过向其他学科的教师请教，发现责任担当素养的培育在各学科教学中的渗透是非常普遍的。尤其是作为人文学科的语文学科，具有"文道统一"的特点，在培养学生责任担当素养方面具有得天独厚的学科优势，值得说一说。

教书与育人在语文学科教学中是密切联系、相辅相成的。语文是人的"生命之声""文化之根""精神家园"，除了本学科自身的学科特征和魅力以外，总是会受到政治、道德、人文等因素的影响，语文教科书中精选的都是具有正确的人生观、世界观和价值观的文章，学生的德育情感是在感受和体验语言文字美好的同时形成的，进而转化为学生思想上对高尚的品格、行为、修养的追求和行动上对道德义务的践行，从而实现将道德认知到道德行为的完整的转化过程。这是"润物细无声"式的渗透与感悟，学生可以逐渐形成良好的品行修养。

为了了解初中语文学科中对培育责任担当素养的学科渗透情况，宋朝华通过与优秀的语文教师交流，查阅语文教材和相关资料，发现语文教学中的课程育人是非常直接和有效的。例如，在初中语文教科书中，有一篇课文《藤野先生》，文章中，讲到藤野先生对一名外国学生的认真负责的态度，让学生感悟到一名教师的责任心，以及具备责任心这一品质是多么高尚和受到他人尊敬，也是多么令人难忘。从此，在青少年的心中，做一个像藤野先生一样的有责任感的人就成了追求的一个方向。而《送东阳马生序》中，宋濂是个正人君子，坚持借书抄录、录毕还书，"不敢稍逾约"的负有责任感的行为，使他最终得以成就自己的人生，除了好学上进，对自己和他人的责任感是不可或缺的品德修为。语文教科书中的这些文章，渗透着优秀的人在对他人负责、对自己负责方面的人生态度。学生在学习的过程中，充分感受到只有具备了强烈责任感的人才能得到别人的信任和尊重，并且因此获得人生的成功。

在人教版语文课文中还有很多以责任担当为培育目标的文章，宋朝华罗列一些与读者分享。例如，《散步》（莫怀戚），一家人一起散步本来是一件很平常的事情，然而这平常的小事，体现了温馨的亲情，也体现了作为中年人——"我"的责任担当。《秋天的怀念》（史铁生），双腿残疾的"我"，心理变得极为焦躁不安，憎恨一切美好的事物，失去了生活的勇气和信心。母亲默默地承受着"我"的"暴怒无常"，始终以耐心和微笑安抚"我"心灵的创伤，以强烈的为人母的责任心超负荷地担当着一切的一切。那个秋天，母亲病故了。又是一个秋天，"我"终于懂得了母亲未说完的遗言，也有了责任担当意识。还有，《我的老师》（魏巍）中，蔡老师对孩子的关心和爱护，《再塑生命的人》（海伦·凯勒）中莎莉文老师对海伦·凯勒灵魂的重塑，以及《我的早年生活》（丘吉尔）中，丘吉尔对小锡兵的统领以及排兵布阵，都体现了责任担当素养的培育在教科书中的渗透。我印象比较深刻的是《王几何》（马及时）中，数学老师王几何在第一节课告诉学生，自己教了二十多年中学几何，是一个一辈子热爱几何数学的教书匠，反手画圆只是想告诉学生一个简单朴素的道理——只要功夫深铁杵磨成针！王几何让学生牢记的是一种热爱知识和持之以恒的学习精神。而在文章《走一步，再走一步》（莫顿·亨利）

中，"我"爬上悬崖，竟不能从上面返回，宁可一个人待在悬崖上，直到天黑也不敢往前走一步；父亲来，教会我对自己负责，走一步，再走一步，终于安全返回等。实在是太多了。其实除此之外，还有《爸爸的花儿落了》《最后一课》《木兰诗》《邓稼先》《闻一多先生的说和做》《伟大的悲剧》《登上地球之巅》《真正的英雄》《斑羚飞渡》《芦花荡》《蜡烛》《阿长与〈山海经〉》《台阶》《信客》《我的母亲》《好嘴巴杨》《敬业与乐业》《傅雷家书》《孤独之旅》《心声》《热爱生命》等等，举不胜举。初中语文教材中责任担当素养培育的资源如此丰富，让宋朝华深为震撼。所以，语文教师在教学中对初中生责任担当的情感、态变、价值观方面的引导和引领是非常重要的，如果能够适时、适当把握好教育时机，那么语文学科的育人功能将非常强大。

除了语文教科书中的育人资源非常丰富，在语文教学组织形式上，也可以培育学生的担当素养。例如，科代表组织同学们开展晨读，科代表登记作业情况，科代表收发作业，科代表组织综合实践活动，小组长负责本小组的古诗文背诵活动，小组长组织课堂名著竞赛活动，小组开展朗诵比赛，学生之间的作文互批互改形式，学生自改阅读题、默写题等方式，都可成为培育初中生责任担当素养的重要载体。

另外，语文的外延无限大，除了课本中的课文之外，我们往往会找一些内容相近、主题一致的文章让学生进行比较阅读。除了比较阅读之外，摘抄、朗诵比赛和有关责任的细节片段都能让学生多接触、多观察和多思考，让这些美好的责任品质渐渐内化。

案例：

语文阅读题目

坚强地担当

那一年，我在省城打工。弟弟从家里坐半天的车，来给我送冬天的衣服。这是他头一次出远门，如我刚来时一样，对这个繁华城市里的一切都是那样的好奇，看着他，想起我，突然想流泪，我们这些打工者在城市卑微地生活着，不知道明天会怎样。

弟弟第一次到省城，第一顿饭我不会带他在我3平方米的小房里吃煮白菜，我要带着他去饭馆，尽管前天我把钱都寄回家兜里只剩80元，除了留给弟弟30元车费，还可以消费50元。当时也想着不去了，但毕竟我在这个城市里已生活了两年，用我们农村的话说，我要有个样儿。弟弟虽然只有16岁，但非常懂事，他说就在家里吃一些。我知道，弟弟对这顿饭很向往，只是我们拮据的家庭让他提前知道节俭对于生活的意义。

我们进了一家饭馆，照着50元点了两个菜。这是弟弟第一次进饭馆吃饭，比起山村里每天的土豆、白菜和萝卜，这次应该给弟弟留下一个美好的回忆。我想的没错，弟弟吃着可口的菜，嘴角偷偷泛起微微的笑容，那一刻，我心酸无比。我只是浅浅地动了几下筷子，看着弟弟吃着。可他吃着吃着我才感觉到，这两个菜对于他来说是那样的少。此刻，我多想再给弟弟要一个菜，让他吃得再美一些，可那一个菜钱从哪里来？我突然看到了自己的手表，想了想，轻轻地站起来，告诉弟弟接着吃，我去付钱。

走到柜台那里，老板娘冲我笑了一下，看出我想说什么，可我却红着脸说不出。"啥事，孩子？"老板娘问我。"嗯……嗯……我是那边加工点的，这次我的钱没带够，我弟弟还没吃饱……我先把表押在这里，过几天开工资拿表送钱……"我终于鼓足勇气说出想法。令我没想到的是，老板娘根本没有犹豫，直接答应了，并告诉我，这不算什么事。那一刻，我的心无比感动，<u>要不是旁边有个蓝衣服中年人也在那里结账，恐怕我的泪就流出来了</u>。我回到座位上，服务员不一会儿便把热气腾腾的一盘肉端上来。看着弟弟狼吞虎咽地吃着，我既虚荣又满足，那一刻，我体会到了做哥哥的担当与自豪……

外面的风很冷，但我的心很暖。我和弟弟走出饭馆，路边一辆车看似打不着火，车里的人向这边张望。这时，我立即叫上弟弟，跑上前开始推车，不一会儿，车打着了火，一个中年男人探出头大声地对我说："兄弟，上车，你们在哪儿，送你们回去。"我急忙摇头，说就在这不远，走几分钟就到了，可男子非让我们上车，说天冷。我们推辞不过，上了车，这时我才看清，开车的男子，就是刚才我到柜台时那个结账的蓝衣男子。

我们到了，一边道谢一边下车，男人叫住了我，塞给我一个信封，告诉我考虑一下，我有些迷茫。

回到了出租屋，我迫不及待地打开信封，里面是我的手表，还有一张纸条，上面写着："老弟，刚才在柜台时，你让我很感动，看到了我的当年……你将来会很好，因为你坚强，有做哥哥的担当，我的车打不着火其实是在等你，看你有没有善心……那个菜钱本来我想付，老板娘却免了，说这一件事就能看出你是个好孩子……我诚挚地邀请你到我工厂来，工资在你现在的基础上加六百，我的电话……"

那一刻，我迅速地跑向门外，让泪水恣意地流下……

1. 阅读全文，请用简洁的语言概括文章内容。

"我"用抵押手表的方式，请弟弟吃饭，又和弟弟帮人推车，让饭馆老板娘和中年男人感动的事。

2.文中"我"担起哥哥的责任表现在哪些方面？

弟弟第一次到省城，除了留给弟弟30元车费，还用剩下的50元请弟弟到饭馆吃饭。

我为了让弟弟吃得更美些，用抵押手表的方式，请弟弟吃饭。

3.第四段中划线句子能否去掉，为什么？

不能去掉，这句话为下文中年男人目睹"我"结账、用车打不着火考验我并帮助我，做了铺垫。

4.赏析结尾段"那一刻，我迅速地跑向门外，让泪水恣意地流下"的表达作用。

动作描写和神态描写；生动形象地写出了"我"为有更好的工作激动，为中年男人的善举而感激的神情与心理。突出文章中心，收束全文。

5.概括文中做哥哥的"我"的人物形象。

"我"是一个有责任感、善良、吃苦耐劳的人。

作文是学生阐述观点、表达思想的平台，是语文学习的重要内容，在中考中占三分之一的分值，可见其重要性。因此，学生对写作文是非常重视的，在作文训练中渗透责任担当素养的培育是非常有益的。

案例：

作文题目：＿＿＿＿＿＿＿

责任是一种心态，一种气魄，更是一种品质。"化作春泥更护花"是一种责任，"蜡炬成灰泪始干"是一种责任，"先天下之忧而忧，后天下之乐而乐"是一种责任。请以"责任"为话题，文体不限，字数不少于600字。不得出现真实的校名和人名。

学生习作：

行　囊

杜　炜

　　我背着沉甸甸的书包，登上了前往异国他乡的飞机，鸟瞰神州大地，欣欣向荣之景，又感觉膝上的书包沉重了不少。

　　一觉醒来，已经是加拿大的正午时刻。异国的太阳并不如中国般热情，但凉风却是依旧的豪爽。我浑浑噩噩地走向机场旁的一个小店，挑选了一瓶奶茶后就匆忙结账。

　　一个妇人风风火火地跑进小店，用尖利的双眼搜寻着什么，然后马上抓起一个退烧药，便冲向收银台。拥挤的收银台前挤满了与我同行的中国游客。见了妇人，他们并无太大反应，只是自顾自地排队结账。轮到我了，我忧心忡忡地与焦急的妇人对望了一眼，看见那渴求的眼神时，我毫不犹豫地伸出双手，做了一个请的手势："Take your time, please." 她欣喜地跑到队伍的最前端付了款，嘴里一直念叨着"Thank you"。我分明地注意到她的眼神在我衣服的袖口上停留了许久，那里赫然缝着一面中国国旗。

　　我想，这是我的责任，无论何时何地，都要让中华民族的优秀美德发扬出来，影响更多的人。

　　来到了伊丽莎白女皇公园，我绕着海边散步。海滩上沙鸥翔集，一片自然和谐之景。我正沉醉于黄昏夕阳沉落时，一只松鼠跑到了我的脚边。它小小的爪子里抓着一个刺眼的塑料袋。我望向海滩上，发现人们留下了不少垃圾。最令人心疼的是，许多包装纸上还写着中文。我一次又一次地弯腰，一次又一次地将那些五颜六色的垃圾捡起。

　　我想，这是我的责任，为洁净地球出一份力。

　　我肩上的行囊依旧沉甸甸的，我明白了，那些沉重的物品，不是书籍，不是零食，而是一种来自中国、来自作为人的责任。

（以上资料由珠海市文园中学王英老师提供）

　　以大语文的观点看，语文就是生活。一切发生的事件都能够囊括在语文范畴之中，如时事讨论也是语文教学的内容。最近发生的事件往往最能激发孩子讨论的欲望，而这些也是锻炼孩子思维与表达的途径，同时也体现着孩子的人生观、价值观。在这期间当然少不了关于责任的讨论。比如，学校卫生检查时，发现地上有垃圾不管什么原因直接扣分，使得校园环境有了很大改善。可我经常在下班后在校外看到许多学生随手乱扔垃圾的现象仍然非常严重。于是，我把身边的这现象也放到课堂中来讨论，又把国外旅游景点常见的中文文明警示牌也告诉学生，让他们感受虽然只是一个小小举动却大到可以影响整个国家形象。小小的责任放在大的环境当中不也是一种大的责任吗？我说："我不看重你们的成绩，我看你们的努力；不是每个人都能取得好成绩，没有好成绩照样能够成材；不管你们今后在什么岗位上工作，我都希望你们能成为有责任、有担当、顶天立地的人！"

通过一系列的语文教学中的责任行为指导，学生从活动中获得了成功及愉悦的体验，从周围的老师和同学处得到鼓励和肯定，责任行为得到正面的强化而持续出现，从而逐渐将责任内化为一种自觉的品格。

（三）其他课程育人

在英语学科教学中，挖掘教材，培养学生社会责任感的案例也有不少，如教科书中就选用了一位名叫杨阳的北京大学毕业生支援西部教育、关心西部贫困山区教育的事例。在教学中，不仅要达成英语单词、短语、句型、语法的知识与能力目标，还要引导学生感受到人物的高尚品格和伟大情操，为他们的人格魅力所吸引，潜移默化中形成要努力学习、提升自我的能力，以便长大后担当社会责任的意识等。

总之，课程育人要将中小学责任担当教育落实到各学科课程的教学目标中，充分发挥课堂教学的主渠道作用，通过深入挖掘学科内容中责任担当教育的素材，充分尊重学生的主体地位和教师的主导作用，积极开展以学生自主学习、积极实践、合作交流等为主要方式的教学活动，优化教学组织形式和课程评价体系，将责任担当素养的培育科学地融入、渗透到教育教学全过程，从而实现课程育人的目的。

三、校本课程

校本，一是为了学校，二是在学校中，三是基于学校。为了学校，是指要以改进学校实践、解决学校所面临的问题为指向；在学校中，是指要树立这样一种观念，即学校自身的问题，要由学校中的人来解决，要经过学校校长、教师的共同探讨、分析来解决，所形成的解决问题的诸种方案要在学校中加以有效实施。[①]

（一）校本课程设计方案

1. 课程的目标

（1）促使学生了解不同国度、民族的基本礼节，养成在各种场合经常使用文明礼仪的习惯。

（2）自觉参加交际实践，提高学生人际交往能力。

（3）培养学生热爱生活，形成积极健康的人生态度。

（4）建立良好的人际关系，促进良好社会风气的形成。

2. 课程的内容

课程内容包括五个单元：行为习惯系列、文明道德系列、学科渗透系列、社会实践系列、自主管理系列。课程内容虽然分为五大单元，但具体实施时可根据实际情况交叉进行。具体内容如下。

（1）行为习惯：培养学生良好的行为习惯。

（2）文明道德：教育学生讲文明、懂礼貌，做一个文明守纪的好孩子。

（3）学科渗透：在各科教学中渗透思想教育，使德育真正落到实处。

（4）社会实践：进行社区活动，在社会中做一个文明守纪的好孩子。

（5）自主管理：时刻用中学生守则和中学生日常行为习惯约束自己，无论在校、在家、在社会都做一个文明礼貌的好孩子。

3. 课程的实施

我们的初步设想是本课程在课改实验年段（七年级）预先开设，再向全校铺开，五个单元交叉进行。每一个单元都是以"文明礼貌"为切入口，以发动学生家长积极参与研究为突破口，突出"德育"的主题。让学生逐渐形成良好的行为习惯，然后再向社会推进，同时让学生养成文明交际礼仪风范，以此促进学校校风更上一个新的台阶。

（1）专项课程设置。我们把该课程纳入正式课表，每班每周安排一个课时。教师通过课堂主阵地，有计划地对学生进行系统的德育培养，使学生粗通礼仪知识，引导他们亲身体验，实现从感性到理性的升华，从整体上让学生的

---

① 郑金洲.走向"校本"［J］.教育理论与实践，2000，20（6）.

文明礼仪风范得到提高。

（2）学科渗透。各科教学之中继续渗透德育，切合时机地进行文明行为礼仪的引导与教育。

（3）课外实践。

① 调查走访：走访宾馆酒店、商场超市等服务性强的单位，学习相关礼仪知识。

② 自主学习：引导学生通过上网、上新华书店与各级图书馆收集有关资料，进行自主学习，拓展知识。

③ 竞赛展览：举行邀请函设计活动、感恩语言描绘活动、手抄报评比活动，指导学生动手实践，锻炼能力。

④ 角色体验：引导学生体验不同社会角色的富有特征的工作生活等，感受不同角色的礼仪规范。

（4）在课程实施的过程中应注意以下的原则：主体性原则、开放性原则、实践性原则、合作性原则、趣味性原则、民主性原则、灵活性原则等。

4. 适度的评价

评价的目的，是为了教师和学生的发展，是为了鼓励和促进校本课程的开发与实施。因此，我们应该做好如下几方面的工作。

（1）学校对教师的校本课程开发与实施工作要给予充分的肯定，包括教师制订、撰写的《校本课程实施计划》和《校本课程教案（设计）》的情况也应给予适当的评价。发现比较突出的、有创新的要给予及时的表扬和奖励。

（2）教师对学生在学习、活动当中的表现，应当以鼓励性的评价为主，及时发现学生的闪光点，及时给予肯定、评价。对学生独创性的思维、见解要加以表扬，号召大家向他学习等。

（3）学校、教师、学生、家长以及有关社区人员，对《校本课程开发方案》的实施情况要给予评价，并提出改进建议等。学校、教师要根据实施情况和大家提出的建议不断地进行改进和完善。

（二）德育校本课程

1. 主题教育课程

（1）社会责任

① 教育读本：法治教育篇、交通安全教育篇、消防安全教育篇、食品卫

生安全教育篇、网络安全教育篇、禁毒教育篇、艾滋病预防教育篇、心理健康教育篇、环境保护教育篇等。

②自育读本：规范篇、学习篇、心理篇、人格修养篇等。

③礼仪手册：家庭礼仪、学校礼仪、社会礼仪。

④国旗下讲话：国旗新生入学教育、我的校园我清洁、环保教育、禁毒教育、防溺水教育、消防安全教育、交通安全教育、学生仲裁委员会、感恩教育。

（2）国家认同。我们的节日，书法大赛，迎"十一"合唱比赛，入队、入团仪式和退队仪式。

（3）国际理解。国际交流、弦乐团欧洲之行、经典诵读比赛。

2.德育主题校本课程

（1）以校园主题活动为载体。通过文园"美德少年"评选、"爱心义卖"和"感动文园十大人物（团队）"评选等一系列校园活动，开展德育主题校本课程开发，渗透责任担当素养的教育，不仅能体现学校特色，而且能够起到更好的作用。

（2）以社团活动为依托。珠海市文园学校在七年级学生中开设学生社团，编写学生社团的校本教材，各类社团活动的开展，对培养学生自我管理、自我教育、自我发展能力和提升责任与担当的核心素养都具有积极的作用。

（3）以节日、纪念日为契机。珠海市文园学校利用清明、端午和中秋等传统节日，国庆节、党的生日和国家宪法日等纪念日，五一国际劳动节和世界环境日等世界性节日，开展校本德育教材开发，进行相关的主题班会，渗透责任担当意识教育。

（4）与社会实践相结合。珠海市文园学校在七年级开展新生的国防教育实践活动，在八年级开展学工学农的实践活动。这些活动不仅增长知识、磨炼意志，更是对学生责任担当意识的教育。

第二节　文化育人

校园是师生共同生活、学习的主要空间，可以说校园无小事，事事皆育人。其文化主要包括：精神文化、环境文化、行为文化和制度文化等。校园文化是学校在长期办学实践中形成的共同的价值理念、思维方式和行为准则，以及承载这些价值观念的活动形式和物质形态，所以具有鲜明的人本性、选择性、积淀性、发展性、实践性、独特性等特点。教育部《关于大力加强中小学校园文化建设的通知》指出："校园文化是学校教育的重要组成部分，是全面育人不可或缺的重要环节，是校园教育理念、学校特色的重要平台，是规范办学的重要体现，也是德育体系中亟待加强的重要方面。"加强校园文化建设，有利于学校的特色发展、内涵发展，有利于培育和增强学校的核心竞争力。校园文化包含学校文化、班级文化和小组文化等层面。

一、学校文化和责任担当教育

（一）办学理念与责任担当教育

文化是一所学校凝聚力和活力的源泉。学校文化既是历史的积淀，又是持续发展的基础。它体现为学校在长期的教学实践中形成的具有独特凝聚力的学校精神和师生认同的价值观念和道德规范以及行为方式等。办学理念，是学校魂之所在，学校的办学理念，学校发展的内核和原动力，是学校文化的灵魂和统率。办学理念，包括办学宗旨、办学目标、办学策略，具体体现在：校训、校风、校规、校歌、教学理想、建校原则、办学宗旨、育人取向、培养目标、精神偶像、育人途径、学风建设、教师形象、校园文化、工作重点、庄重承诺等方面。先进的办学理念对内是凝聚力、向心力，对外就是核心竞争力和品牌。培育责任担当素养，从来都受到各校的重视，尤其是优质名校，更是把培育学生的责任担当素养作为本校的重要目标，真正担负起名校的教育责任。

（二）校园环境与责任担当教育

文化的功能在于"化"人。如果把课堂当作责任担当教育的主阵地和主渠道，是一种"看得见、摸得着"的路径，那么，学校文化建设则算得上是一种"看不见、摸不着"的载体，是责任担当教育的精神富矿。第一，以校园物质文化建设为载体。步入文园中学，映入眼帘的是爱心墙，报告厅上"富强、民主、文明、和谐、自由、平等、公正、法治、爱国、敬业、诚信、友善"的24字社会主义核心价值观赫然入目，行政楼下师生的笑脸图使人耳目一新；走进教学楼，名言、典故和学生字画作品尽收眼底，班级文化建设各具特色，让人应接不暇；校园里花草树木、亭台楼阁让人流连忘返。美丽的文园校园，有着"春风化雨、润物无声"的功效。第二，以校园精神文化建设为载体。珠海市文园学校秉承"关爱"与"发展"的精神文化，"力争让每一位教师都获得发展，让每一位学生都能进步，让每一位家长都能满意"。"感动文园十大人物""美德少年""学科周"和"社团活动"等精神文化活动，把责任担当教育用学生喜闻乐见的方式融入其中，并形成自己独有的特色与品牌。另外，珠海市文园学校以书香校园建设为载体，开设国学馆，建立"教师悦读空间"，进行"文园书香班级与少年"的评比，电子屏滚动展示学生的读书心得和悬挂教师教育感言等，让学生感受责任的魅力。

（三）制度建设与责任担当教育

校园管理，由学生做主——组建班级、年级、学校学生会，"三位一体"自主管理模式。2011年珠海市文园学校创新学生会建设，形成"校级、年级、班级一体化"的学生自主管理模式，为学生"自我管理、自我教育、自我服务"创设发展平台。

新生入学开始，通过宣传动员、自主报名、班级初选、年级审核、竞聘演讲、部门竞岗、公示巡展七个环节，本着"面向全体、公正公开、能力优先、兼顾特长"的原则，组建主席团、学习部、纪检部、文体部、宣传部、生活部六个部门。在文园的各项活动，在学校的重要时刻，都能看到这些学生干部组织、管理、奉献的身影。

（四）办学特色与责任担当教育

近年来，学校为提升办学品位，丰富办学内涵，积极打造"窗口学校"，以努力把老百姓家门口的学校办成广东省名校为目标，全面推进学校各项工作的开展，积极培育特色项目，在学校办学特色教育中渗透责任担当素养培育，增强学生的社会责任感，强化国家认同的使命感，增进国际理解的认同感。2015年以来，学校依托学生社团开展的青少年科技创新、书香校园建设和教育国际化三个项目先后被珠海市教育局评定为珠海市学校特色项目培育对象。

案例

美丽文园优秀学校文化建设

教育是一种文化生成和传承的过程。学校文化是围绕教育教学管理而形成的观念的总和，其核心是指学校人"自然而然"行为后面的、趋同的价值判断。

文园中学的学校文化识别体系

教育理念：爱的教育

办学理念：让每一位学生和教师都获得关爱与发展

校训：仁爱、好学、至善、创美

校风：阳光友善、诚信乐学、规范精细、美雅卓越

教风：严慈相济，诚欣赏之意评学；德艺双馨，坚精进之志问教

学风：自主卓越，带愉悦之情求知；诚信友爱，怀敬畏之心向善

办学目标：高质量、信息化、示范性优质名校

培养（育人）目标：致力于为未来的合格公民和社会英才奠基

德育（育人）模式：自主管理、卓越自强

立足课程，在每日常规、主题活动中通过学生的自主管理，培养人格自尊、学习自觉、行为自律、阳光自信、卓越自强的文园学子。

治校方针（管理要求）：严格管理、严中有爱

办学方略：尊重、关爱、负责、求可持续发展、立德树人

规范、精细、高效、聚正能量、建设美丽文园

文园中学的学校文化基本解读

1. "爱的教育"

爱是教育的灵魂，只有融入了爱的教育才是真正的教育。爱的教育是儿童教育的基本原则和方法。从孔子的"仁爱"到墨子的"兼爱"说明了爱的重要，陶行知先生的"爱满天下"的思想更把爱的教育发扬光大。全国第一批特级教师霍懋征一直践行着"没有爱就没有教育"的教育理念。

文园中学秉持"爱的教育"办学，倡导师生互爱。我们认为：对师生而言，爱是责任也是一种需培育发展而具备的能力。"爱在文园"——教育过程应该是富有情感、充满美感的，应该建基于关爱与尊重，应该重视课堂内外的细节，应该道法自然，春风化雨，教化若水，重视柔和的力量。教育之美好彰显在师生自发自觉的行为细节中。教育之爱在于让学生领悟到生活学习中有情趣，体验到学校生活中有欣赏，相信生活中永远有希望；社会赞誉，学生喜爱，师生互爱——"爱上文园"。"严慈相济，诚欣赏之意评学；德艺双馨，坚精进之志问教""自主卓越，带愉悦之情求知；诚信友爱，怀敬畏之心向善。"——爱让文园更美丽。

文园中学的办学宗旨是秉持"爱的教育"教育理念，建设"高质量、信息化、示范性优质名校"。坚持"让每一位学生和教师都获得关爱与发展"的办学理念，遵循"严格管理，严中有爱"的治校方针，"致力于为未来的合格公民和社会英才奠基"的培养目标，奉"德艺双馨、良师益友，严慈相济、教学相长"为从教圭臬；实践建基于关爱与尊重、富于情感、充满美感的教育过程。文园的校训是："仁爱、好学、至善、创美。"

2."仁爱、好学、至善、创美"

（1）仁爱

《韩非子·解老》：仁者，谓其中心欣然爱人也。其喜人之有福而恶人之有祸也，生心之所不能止也，非求其报也。意指一个心怀仁爱的人，就是在内心中快乐地爱着别人的人。他喜欢看到别人遇到好事，而讨厌看到别人遭受祸患，这种情感发自内心，并非为求得别人的报答。我们在生活中也要力争做到这一点。张载《正蒙·中正》：以爱己之心爱人，则尽仁。意指如果能像爱自己那样去爱别人，就达到了"仁"的精神境界。这是告诉我们要爱人如爱己。《墨子·兼爱中》：爱人者，人必从而爱之；利人者，人必从而利之。意指爱别人的人，人们一定也爱他；帮助别人的人，人们一定也帮助他。所以，我们要以热爱所有人的胸怀，去努力帮助自己可以帮助的人。《汉书·刑法志》：不仁爱则不能群，不能群则不胜物，不胜物则养不足。意指如果不心怀仁爱，就不能和别人结成群体，而不结成群体就不能利用自然界的资源，不能利用自然界的资源就会导致生活给养不足。心怀仁爱是人类得以生存的前提和基础。

（2）好学

"君子学以聚之，问以辨之，宽以居之，仁以行之。""博学而笃志，切问而近思，仁在其中矣。"对学子而言，"仁道"在于"好学"。

学校是读书学习的地方，文园有浓郁的学风，是优质的学园。"课堂是教育教学的主阵地""质量是学校的生命线"，文园教师有追求质量的共识，重视学习习惯的养成，关注学习品质和学习能力的培养，教学相长，追求卓越！

处在信息迅猛增长的时代，我们倡导学会学习，终身学习。

（3）至善

来源于儒家经典《礼记》中的《大学》，基本内涵是指人应追求人生最美好、最完善的品质境界。至善，是一个理想目标，也是一个因时代而异的历史概念，但无论如何演变都包括了道德人格至善和观念行为至善。为人诚朴心灵宁静和谐友善，把个体的学习、工作与生活同团队、学校、国家的发展联系起来，实现自己的人生价值。对文园教师来说，要长善救失，要善于发现学生的成长点，重视因材施教，善于因势利导。《大戴礼记·曾子立事》：君子己善，亦乐人之善也；己能，亦乐人之能也。君子自己好，也乐于别人好；自己具有才能，也乐意别人具有才能。对师生而言，都要谨记：从善如流、善始善终。

（4）创美

校园应该是美丽的，雅致有文化韵味的。教育之美不仅在于校园环境，更在于教育过程和教育结果。建设美丽文园：美雅和谐的生态花园，读书成才的优质学园，自主阳光的成长乐园，师生互爱的精神家园。尚美创美至臻，就是崇尚美达到最完善的境界，善于发现美，追求美，创造美，使自己的心灵美行为美。在文园，要感受到校园环境自然的美、雅致的美、和谐的美，有审美的品位，是无言的对话和氛围的熏陶，教育当道法自然；在文园，教育过程该是富于情感、充满美感的，应该建基于关爱与尊重，应该重视课堂内外的细节，应该道法自然，春风化雨，教化若水，重视柔和的力量。教育之美彰显在文园师生自发自觉的行为细节中。真善美是人类永恒的主题，仁爱、好学、至善、创美是文园学校文化的精髓。一年又一年，把美好留在文园，把美好带出文园。

积极建设"阳光友善、诚信乐学、规范精细、美雅卓越"的校风；实践"严慈相济，诚欣赏之意评学；德艺双馨，坚精进之志问教"的教风；追求"自主卓越，带愉悦之情求知；诚信友爱，怀敬畏之心向善"的学风。

美丽文园文化建设

文化引领学校发展。珠海市文园学校以"爱的教育"文化理念指导开展美丽文园文化建设，依靠优秀的学校文化来实现学校管理和质量提升。我们构建具有丰富内涵和教育性的美雅生态花园，以培育学生的高尚品德。

设施有文化。学校陆续改造建成一批文化设施：爱的教育墙、花溪、笑脸墙、阅读空间、国学馆、亦兰亭、名联廊、曲水流觞园、品格人生墙、优秀学生人物灯饰等。

空间有内涵。精心设计和装饰校园的廊墙空间：学校文化体系展示墙、历届毕业生照片墙、师生艺术作品、学生誊写的教师教育感言、班级文化铭牌、特色专题活动宣传栏等。

建设中国风。校园建设凸显中国传统文化元素：普遍种植竹子，点缀奇石，石头镌刻体现学校教育思想的书法词句，配设对联和亭子，布设文化解读牌等。

建设智慧校园，高效推进云课堂实验。信息化是珠海市文园学校的发展目标。学校紧跟国家和省市建设智慧城市的发展步伐，大力高效推进智慧校园建设。珠海市文园学校成为珠海市首批"粤教云"试点示范学校，云服务、云互动和云协同课程的实验和应用工作推进迅速。以此为契机，学校建设了学生进出学校电子管理门禁系统、校内移动办公系统，进一步整合了网站、教育教学和办公平台，提升信息化水平，全面促进学校工作高效、规范、节能，确保珠海市文园学校各项工作走在新一轮信息化教育革新的前列。

2015年5月，教育部与联合国教科文组织在青岛市联合举办国际教育信息化大会。珠海市文园学校代表广东省教育厅、珠海市教育局在会展现场进行了信息技术、云互动、云协同课堂的精彩展演，引起了广泛关注，得到了广东省教育厅、珠海市教育局领导的高度赞誉。这次展示不仅彰显了珠海市文园学校的信息化实力，也反映了珠海市，甚至广东地区在信息化技术、云数据教学方面的成果与进展。

北京四中

1. 总体发展目标

努力把北京四中办成世界一流学校，即把北京四中办成在全国具有示范作用、在世界享有良好声誉的高质量、有特色、第一流的完全中学。要使北京四中成为师生精神生活的家园和丰富人生的起点，让师生获得发展的机会，享受成长的愉悦，懂得责任与良知，持之以恒地发掘潜能，积极乐观地面对未来。

2. 办学指导思想

坚持"四个结合"的办学思想，即坚持继承和发扬四中的优良传统与改革创新相结合；坚持使学生德、智、体、美等诸方面全面发展与发展个性特长相结合；坚持抓好常规工作与教育教学科研工作相结合；坚持严格规范的管理与营造宽松和谐的人文环境相结合。

3. 学生培养目标

概括为培养杰出的中国人，即培养忠诚（国家、团体）和服务（社会、他人）精神，以及追求卓越的职业与生活态度，使学生学会在未来优雅地工作和生活，成为职业领域与个人生活的成功者及有益于社会的公民。北京四中培养学生具有：

（1）崇高的品德和强烈的社会责任感；

（2）热爱祖国，具有中华民族传统文化底蕴和民族精神；

（3）应对变化、完善自我和不断学习、进取、开拓、创新的精神；

（4）公民意识（学会尊重、学会交往、学会合作、学会选择、学会融合以及民主、守纪、诚信、自尊、自信等等）和文明习惯；

（5）较为坚实的学科基础知识、解决实际问题的意识和能力；

（6）丰富的个性、健康的身心和积极乐观的人生态度。

4. 校训

勤奋、严谨、民主、开拓

勤奋：教师勤奋工作，学生勤奋学习。

严谨：教师对工作一丝不苟，学生对学习精益求精。

民主：师生相互尊重，和谐相处；尊重个性，倡导师生自主和谐发展。

开拓：不唯上、不唯书、不唯洋、不唯众。

5. 教育理念

"以人育人、共同发展"，即"以行为影响行为，以品德培养品德，以能力提高能力，以理想树立理想，以情操陶冶情操，以境界提升境界，以人格塑造人格"。

上海市中国中学

上海市中国中学创办于1933年，是一所以"中国"为使命并有着光荣中国传统和深厚历史底蕴的学校，在历史新时期，该校与时俱进，从校史和文化积淀中不断赋予"责任教育"新的内涵，提出"中国心、世界眼、未来梦"的育人目标，并指出"在教书育人中定义教师育人责任，在文化熏陶中明确学生自身责任，在时代发展中明确学校社会责任"成为每一个师生的责任担当。

珠海市第四中学

珠海市第四中学是排球传统学校，体育特色学校的办学理念贯穿始终。多年来，学校立足现实，展望未来，全校教职工秉承"用仁慈之心和专业才华，培育学生，造福他人，承担社会责任"的办学精神，"以改革提升内涵，以特色树立品牌"，努力实现"教师成功，学生成才，学校发展，人民满意"的办学愿景。以"进德修业，自强不息"为校训，激励学生成长，着力锻造"勤于思考，勇于实践；乐于互助，善于交流"的学风，力争实现"办好西藏班，争为民族团结做贡献；推进新课改，勇做课程改革排头兵"的战略目标，努力把学生培育成"品行端正，勇敢自信；明晓事理，自立上进"的全面发展合格人才。学校始终将安全工作放在各项工作首位，一直努力建设一个平安、文明、和谐的校园。体育群体活动能调动学生积极性，培养学生的竞争意识、集体荣誉感和团结协作精神，增强学生的身体素质。在体育活动中，学生的意志品质、自觉遵守纪律意识和综合素质都在提高。这些充分彰显出学校"以体促德，以体促智，以体促发展"体育精神。

二、班级文化和责任担当教育

学校有共同的文化追求，而班级也有独特个性。为培养团队合作精神，凝聚学生集体智慧，形成独特的班级个性，建立班级归属感，从2011年开始，学校在起始年级开展班级文化建设，分三步完成。

（1）班级显性文化建设——班名、班徽、班训、班歌等的创作。

（2）内涵文化建设——"小组文化建设"，进行组内互助，组与组之间竞争。

（3）班级活动文化建设，集中展示班级文化。

每月评选"优秀读书心得""优秀读书档案""读书沙龙之星"，并登载在班级宣传海报上。在班级管理上"让班级学生做主"，进一步提升学生干部的组织协调能力和自主管理能力，使班级都形成了富有特色、充满活力、和谐向上的班级文化。

第三节 活动育人

责任担当素养具有鲜明的主体性，责任是主体的实践活动，没有主体就没有责任。即学生一定具有独立人格，才能够具有责任人格。外在的要求只有被学生认识到，才能够在意识中形成明确的、具体的规定，再转化为内在的责任。但人的主体性不能脱离社会实践而存在，实践是责任的来源与目的。责任来源于人们的社会交往实践，其目的是明确人的交往的规范，人们只有履行责任，社会生活才能正常进行，个体才能得以发展。遵循实践性原则，责任担当素养的培育必须更多地转入社会交往之路，让学生感到自己的存在与外在世界的密切关联，关注自己周围生活情境中责任的具体性、多样性与复杂性，从而避免空洞、单调的理论说教。

教育为本，德育为先。如果说课堂是责任担当教育的主阵地，那么学校组织的各项活动则说得上是主渠道，包含着丰富而又广泛的内容。具体表现在节日纪念日主题教育活动、新生及开学主题教育活动、仪式教育（每学期的开教学礼、每周的升旗仪式）、社团活动、学科活动周、科技创新实践活动和评选"感动文园十大人物（团体）"等。

一、节日纪念日主题教育活动

学生处以各种节庆日、纪念日为契机，结合文园学生的实际，开展形式多样的主题教育活动。在国家首个宪法日，全校学生开展模拟宪法宣誓教育活动；在中华人民共和国成立70周年之际，全体学生一起合唱《我和我的祖国》；在"六一"儿童节举行七年级退队仪式暨班歌合唱比赛。这样一系列活动，拓宽了责任担当教育的路径，丰富了责任担当教育的形式，在活动中对培育学生责任担当意识起到潜移默化的作用。

二、新生教育和开学教育

珠海市文园学校在每年9月，都会对七年级新生进行为期一个月的新生教育，包括学习《中学生守则》《中学生日常行为规范》《文园中学一日常规》《文园中学学生仪容仪表规范》《文园中学考勤制度》《文园中学学生违纪处罚条例》等多方面的内容，对规范学生的日常行为，做一个负责任的合格中学生起到显著作用。

三、仪式教育

开散学礼、升旗仪式等重要场合，要求学生穿校服、佩戴红领巾，不但是对学生规则意识的培养，更是责任担当教育的题中之义。升旗仪式上，师生齐声诵读社会主义核心价值观，声声入耳，叩击心灵。

四、社团活动

根据国家课程要求和学校发展需要，我们充分利用现有资源，开发校本课程，鼓励学生自主开展社团活动。只有充分调动学生的主动性，培养学生的责任意识，对自己负责，不断进取，对集体负责，学会担当，才能让学生主动参与到社团活动的过程中来，实现自我管理、自我教育，从而达到自我成长。每年新生入学，学校即启动社团成立的系列工作。经过学校专题培训、学生自主报名、社长竞聘演讲等环节，学校根据现有活动空间从中择优核准开设40个左右的社团；学校举办"社团超市"活动，各社团自行招聘社员，学生根据自身特长和喜好自由选择参与社团，做到全员参与。学校保障每个社团开展活动的时间和空间，配备指导老师，并在教育教学开放日举办社团成果展示，每年评选优秀社团和社长。

五、学科活动周

学科活动周既可是展示学科特点、放飞学生梦想的平台，也可以成为普及法律知识、弘扬宪法精神的载体。我们积极组织学科周，由学生开讲名著大讲堂。心有多大，舞台就有多大。"文园名著大讲堂"让文园爱好文学的学子有了展现的舞台。2011年由珠海市文园学校教师开启的"文园名著导读大讲堂"，受到学生欢迎，随即掀起了学生登台开讲名著的热潮。2012年，九年级的郭淑仪同学为学弟、学妹举办名著导读讲座，赢得了大量粉丝，被称为"名著姐姐"。郭淑仪成为文园中学学生开设名著讲座第一人，《珠海特区报》《中国日报》对此做了专题报道。再如珠海市文园学校2018年政治学科活动周，七年级邀请珠海本土原创大型历史纪录片《三灶1938》的创作者刘昌言老师做"我与三灶1938的故事"的演讲，让同学们体会到爱国并不是挂在口头的空洞说教，而是身体力行的实在行动；在八年级开展"爱我中华做合格公民"以宪法为主要内容的法律知识竞赛和法律校园情景剧表演；在校道上展览学生喜闻乐见的宪法漫画宣传展板，宣传宪法知识，弘扬宪法精神。

六、科技创新实践活动

学校鼓励学生参与综合实践活动，培养创新思维。珠海市文园学校是珠海市首届"科学教育特色示范学校"。为鼓励更多学生积极开展科技创新和综合实践活动，培养学生科技创新意识和综合实践能力，学校先后建成生物组织培养室、历史活动室、地理活动室、3D打印综合体验室、晨天工作室等。坚持每年举办科技节，并依托国家和省市青少年科技创新大赛，开展综合实践活动，促进珠海市文园学校学生实践与科学研究活动，取得显著成绩。自2010年以来，珠海市文园学校参加市级以上青少年科技创新大赛，有200多人次获得国家、省、市奖励；学校连续六年（第二十五届至第三十届）荣获珠海市青少年科创新大赛"优秀组织奖"。2014年被评为第二十九届青少年科技创新大赛"全国赛优秀基层组织单位""广东省十佳优秀组织单位"。2015年3月，珠海市科技创新教育现场会在珠海市文园学校召开；2015年8月，李晨天同学作品获第三十届全国青少年科技创新大赛一等奖、博通大师奖和数码科技耀星奖，并作为广东省唯一代表获邀参加在北京召开的全国"科普日"活动。

七、评选"感动文园十大人物（团体）"活动

珠海市文园学校注重素质教育，用心发掘学生群体中的感人事迹，为学生树立学习榜样，发挥模范的教育作用。自2008年起，学校每年评选"感动文园十大人物（团体）"，在社会获得好评，受到媒体关注。通过自主报名，班级推选出20位候选人，经学生投票、学校评选出10位年度"感动文园十大人物（团体）"。在每年的12月，学校举行隆重的颁奖典礼，邀请家长代表出席，由学校领导宣布获奖人选（团体），并宣读颁奖词，颁发奖品和证书。这些经过层层选拔出来的优秀学生（团体），是各方面的代表。他们发挥正能量，成为文园学子的榜样。

第四节 实践育人

《中小学德育工作指南》规定，实践育人要与综合实践活动课紧密结合，广泛开展社会实践，每学年至少安排一周时间，开展有益于学生身心发展的实践活动，不断增强学生的社会责任感、创新精神和实践能力。珠海市文园学校通过开展各类主题实践、劳动实践、研学旅行、志愿服务等，增强学生的社会责任感、国家认同和国际理解。

一、在七年级开展国防教育实践活动

国防教育包括"三防知识教育"、队列训练、内务管理、夜行军以及模拟法庭等内容，内容丰富多彩且非常有意义，开阔了学生的视野，增强了学生的国防和法治意识。在教官们耐心严厉的教导下，学生们初步领略了严格的军纪，初步感受到服从命令是天职的真正意义。他们反复操练稍息立正、蹲下起立、敬礼、齐步行进、跑步等队列动作，力求高度一致，精益求精，做到站如松、坐如钟、行如风。从一团混乱到整齐划一，从嬉笑打闹到令行禁止，学生们逐渐摒弃了骄纵散漫的习性，脸上写满了严肃坚毅，锻炼出顽强拼搏的意志和吃苦耐劳的品格。训练期间虽然早晚气温较低，但学生们热情饱满、斗志昂扬，依然每天都训练得汗流浃背，乐在其中，也展现出文园学子良好的精神风貌。

二、在八年级开展"学工学农"实践活动

"学工学农"综合实践活动课程安排丰富：叶脉书签制作让学生们将生物课本上的理论付诸实践；陶艺课让学生们好好再玩了一把泥巴，回味了童年的美好记忆；面点和烹饪课上，学生们卖力地和面、搓面、洗菜、切菜、炒菜，感受到了父母每日为自己做饭的不易；编织课上，学生们乘着想象的翅膀，编出一件件精美的作品。通过亲身参与各种劳动实践，学生们既充实了人生体验，又获得了课本上学不到的知识，有助于改变不少孩子身上存在的"饭来张口，衣来伸手"的坐享其成、不劳而获的恶习，让他们认识到劳动创造美好生活的意义，增强了责任意识，为人生发展奠定坚实基础。

三、寒暑假美国研学实践活动

自2015年以来，学校先后与美国优秀蓝带学校——加州维乐士中学和卡佩斯诺中学成功缔结为友好学校。学校与友好学校积极互动，致力于为学生拓展国际视野，提升综合能力提供发展平台。迄今为止，文园中学已经成功组织了7批次，300多名学生前往两所学校开展夏季和冬季研学活动。丰富的研学课程，不仅有助于开拓学生的国际视野，更让他们在交流、比较和借鉴中增强国家认

同，激发中华民族伟大复兴的历史重任。

四、志愿者服务实践活动

为进一步弘扬"奉献、友爱、互助、进步"的志愿精神，积极培养和践行社会主义核心价值观，国庆节假期，珠海市文园学校青年志愿服务队开展了形式多样的志愿服务活动。慰问敬老院，小志愿者们给老人们带去了生动的表演——班歌合唱。温暖的歌声回荡在敬老院中，现场气氛热烈一片欢声笑语。大家还将准备好的水果和营养品分发给每一位老人并与老人们聊天。清理海滩垃圾，从午间炽热的阳光到傍晚柔和的夕阳，文园志愿者们在几个小时的时间里捡了好几大袋垃圾。虽然垃圾散发着难闻的鱼腥味，但大家心里感到无比的自豪，因为自己为珠海的美好环境献出了一份力。志愿者到珠海市图书馆，开展图书整理志愿活动。接受图书馆工作人员的培训之后，志愿者们开始分区域进行书籍的整理和摆放。经过大家细心的归整，凌乱的图书再次整整齐齐陈列在书架上。

第五节　管理育人

《中小学德育工作指南》指出："推进学校治理现代化，从完善管理制度、明确岗位责任、加强师德师风建设、细化学生行为规范、关爱特殊群体等方面，将中小学德育工作的要求贯穿于学校管理的细节之中。"

约翰·杜威提出："学校即社会。"他认为教育是一种社会生活过程，学校是社会生活的一种形式，学校应该"成为一个小型的社会，一个雏形的社会"。宋朝华非常认同这种观点。学校教育的目标是培养一个合格的社会公民，学校应想方设法创设与社会接轨的实践平台，让学生有更多的机会体验社会性的东西，如规范意识、人际关系、问题解决、组织方式等，为步入社会做好准备。

一、科学搭建学生自主管理的组织架构，为学生的自主管理搭建平台

学校团委和学生会是学生主要的管理机构，职责分明、分工明确的管理机制是非常重要的。学校团委是在校党委的领导下，坚持党的助手和后备军角色，坚持党的桥梁和纽带作用，坚持代表和维护青年利益的功能，创造性地开展全校共青团工作组织。校学生会，学生的群众组织，在校团委会的指导下开展工作。两个部门是相互联系又相互独立的。每年团委、学生会都会凝聚一大批有使命感、责任心，勇于奉献，才华横溢的有志青年加入进来，为优秀的组织输送新鲜血液，提升团队的活力。根据上级部门的相关要求及宋朝华多年的德育管理工作经验，针对初中学生的年龄特点，设计了团委与学生会的如下组织架构。

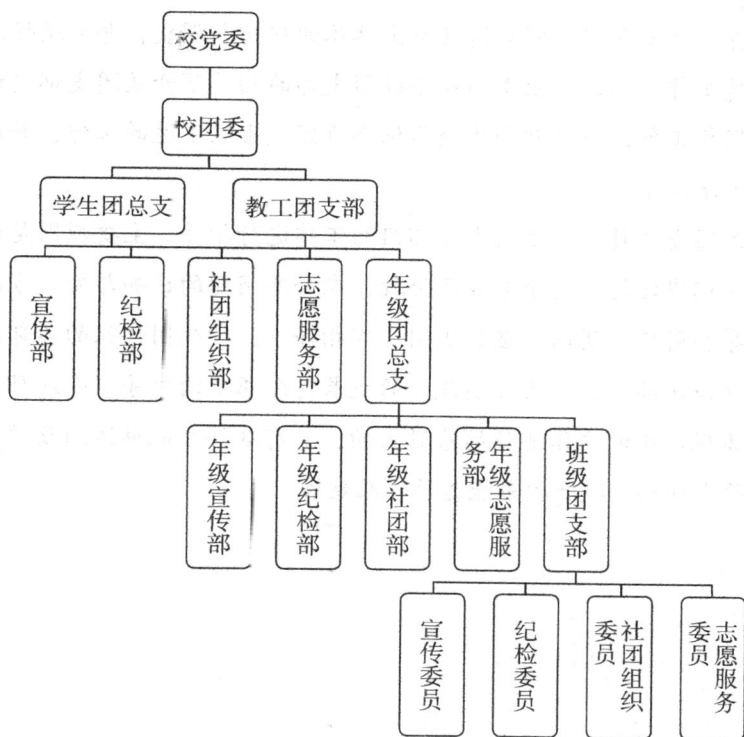

校团委的组织架构图

说明：

1. 岗位设置

校团委书记1名，身份为教师；校团委副书记2名，教师、学生各1名；宣传部、纪检部、社团部、义工部部长、副部长各1名，均由学生担任，教工团员中相关部门的指导教师各1名；各年级团总支书记各1名；各班团支书各1名，宣传委员、纪检委员、社会组织委员、志愿服务委员各1名。其中，教工团支部的教师团员对相应部门的学生团总支的各部门的工作进行指导。

2. 管理办法

实施四级管理，在校党委的指导下，校团委在上级团委的领导下开展各项工作，下设四个部门和各年级的团总支，以扁平化管理达到政令通达的目的。学校团委各部门在具体工作、活动、事务方面直接向年级对口部门布置工作和提出要求，年级团总支则负责管理和协调年级各部门的工作，并领导各班团支部的工作。年级团总支各部门将学校对口部门布置的工作向班级对口的委员进行传达，并结合本年级的实际情况做出具体的安排和调整，并创造性地开展本年级的团建工作。而班级团支部在年级团支部的指导下开展团支部建设，做班级团员的思想工作，并协助和协调各位委员完成上级下达的工作，并创造性地开展本班团建工作。

由教工团委成员对学生团委各部门的工作进行指导，主要原因是：初中生年龄在12～15岁之间，处于未成年阶段，在一些问题的认知与处理方面还需要教师的指导和引领。所以，在教工团支部指导下，学生团组织的各部门开展工作将更加切合实际，让学生在实践中的成长得到正确的引导。而这种指导一定是在充分体现学生的主体地位的基础上的，只有这样才能够达到让学生在自我管理中体验责任感，提升担当能力的育人效果。

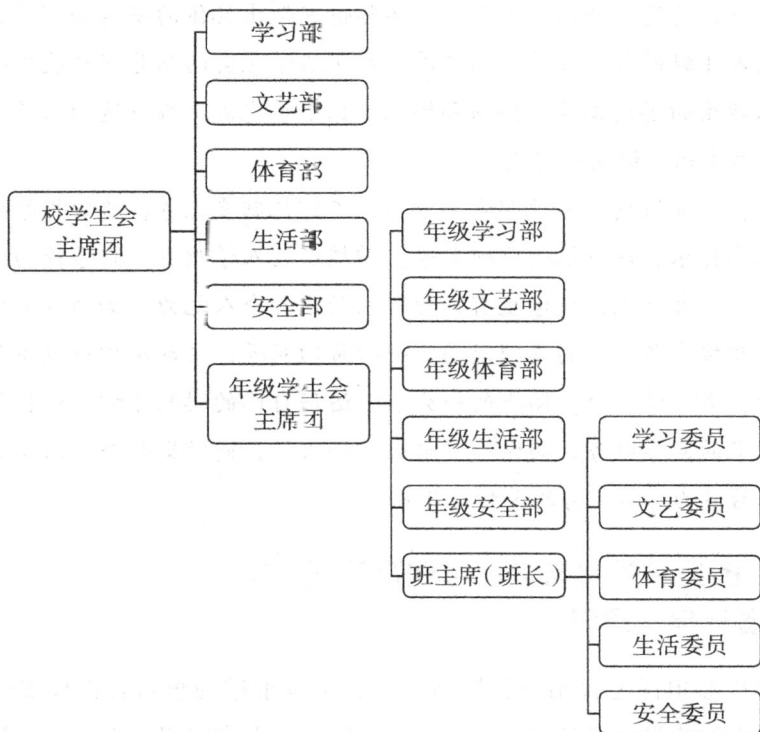

学生会的组织架构图

说明：

1. 岗位设置

校学生会主席团成员共4名，主席1名，副主席3名（由年级主席担任）；学习部、文艺部、体育部、生活部分别设部长1名，副部长3名（由年级部长担任）；年级学生会主席1名，副主席n名（由各班班长担任，如果学校规模比较大，则可由4～6个班民主选举推荐1名担任年级副主席）；班委会设置学习委员、文艺委员、体育委员、生活委员、安全委员各1名。

2. 管理办法

实施三级管理，学生会在校团委的指导下，在上级学生会的领导下开展各项工作，下设五个部门和各年级学生会主席团，以扁平化管理达到政令通达的目的。校学生会各部门在具体工作、活动、事务方面直接向年级对口部门布置工作和提出要求，年级学生会主席团则负责管理和协调年级各部门的工作，并领导各班委会的工作。年级学生会各部门将学校对口部门布置的工作向班级对口的委员进行传达，并结合本年级的实际情况做出具体的安排和调整，并创造性地开展本年级的各项工作。而班委会在年级学生会的指导下开展班级各项工作，包括学生的思想工作，协助和协调各位委员完成上级下达的工作等，并创造性地开展本班班级文化建设。

此外，还要做到：岗位职责要分明，工作机制要完善，监督指导要及时，管理文化要传承，评价机制要配套等。学校通过入学教育，将学校的管理岗位及职能告知广大学生，使学生有目标地主动提升个人能力。如通过努力学习提高成绩，积极参与学校的各项活动，关心帮助同学，主动承担班级事务等，提升竞争力，成为学生会、团委的一分子，运用自己的聪明才智，承担更大的责任，为更多的同学服务，为学校贡献自己的力量，同时提升个人的领导力，为走入社会后成为更加优秀的人打好基础。

二、创设学生参与学校管理及建设的机会，提升学生主人翁责任感和责任担当意识

宋朝华在担任德育副校长期间，结合学校推进的小组合作模式的教改活动，利用小组建设已得到良性发展、趋于完善的有利时机，在德育工作中，充分以小组为单位开展活动，如班会课中，小组成员总结一周的各项情况，互相鼓励、互相帮助。在"文明教室评比"中，将评比内容分为几个板块，便于班级以各小组为单位循环负责各板块的任务，责任到组，各组又将工作分给每一个组员，做到责任到人。团委干部将检查结果反馈到班级，各组就可以通过反馈表了解每位成员的工作情况，并对其进行公正的评价。

为了提高学生对学校的主人翁责任感，培育学生责任担当素养，学校有计划地引导学生自愿地、主动地、直接地参与到学校德育工作的顶层设计和过程实施，引导学生在参与制定管理制度、实施具体事务的过程中体验、感悟、反思，培养学生自主参与、学会做人、主动发展、勇于担当的品质，通过多年实践与研究，宋朝华认为学生参与的途径包括以下四个内容。

（一）参与建章与立制

宋朝华在管理中提出"学生能想到的让学生想，学生能做到的让学生做"的德育理念，大到学校各项规章制度，小到各项班规、组规等建章立制的过程，充分相信学生，让学生在教师的指导下参与其中，发表意见，形成由学生

自主制定、自行管理、自我遵守的规定，不仅充分体现了学生的主体意识和民主意识，增强了学生的历史使命感和责任感，提高了学生的自信心，同时也确保了各项规定执行的效果。

经过学生参与制定和完善的制度有：《学生违纪处罚条例》《午休管理制度》《学生会管理章程》《团委管理办法》《文明教室评比办法》和各班的《班规》《文明班级评比条例》等。经过实践，以上这些制度都可以在教师的引导下，交由学生通过讨论拟定。学生参与制定的规章制度，使学生由被动接受管理转变为主动自主管理，学生更乐于以主人翁的姿态接受和执行各项制度，即"我制定，我遵守"的行为默契，对各项制度的实施效果提升起到很好的促进作用。

（二）参与策划与组织

我国明代影响力最大的哲学思想——"阳明学"的创立者是明代思想家、军事家、心学集大成者王守仁（别号阳明），虽然距今500多年，但他提出的知行合一的观点影响深远。他强调要知，更要行，知中有行、行中有知，二者互为表里，不可分离，知必然要表现为行，不行则不能算真知。党的十八大以来，习近平总书记既重视战略目标，又强调干在实处，在讲话中多次强调"知行合一"，并对知行辩证关系进行了深刻的阐述和实践探索。"知行合一"中蕴含着深刻的中华文化和中国智慧。

王阳明提出的"事上练"的观点在宋朝华的德育工作中得以贯彻，只有创设各种适当的锻炼机会，学生才能够真正在具体做事的过程中得到磨炼，得到成长。"活动育人""体验育人"的理念越来越受到教育界的认可和重视。

那么，问题来了。如何策划活动，如何组织活动，如何评价活动，才能让学生真正得到锻炼和成长呢？这些问题，我们认为，学生可以在教师的指导下，完成策划、组织和评价等各项环节的工作，从而改变传统德育中重道德知识教育轻道德行为实践的"被动接受式"的组织形式。学生在活动策划和组织参与的过程中，实现自我认识、自我体验和自我调控，充分发挥主观能动性，确立学生是道德发展的主体和实践的主体地位。

以宋朝华所在学校为例，在学校体育节的组织中，在体育教师的指导下，以学生会体育部为主，其他各部门积极配合策划和组织了整个活动。一是从设置比赛项目、组织报名、设计和制作秩序册、收集宣传稿件、比赛裁判选拔与培训、入场式评比、班牌评比、宣传稿件评比、比赛过程的组织、比赛成绩公示与统计、广播站的管理和运用、比赛场地的管理、现场纪律的管理和评比到现场卫生及安全的管理等等事无巨细俱要安排妥当。二是运动会的事务相当烦琐，但学生会完全可以自行组织完成此类大型活动，更不要说小型的"校园十大歌手""迎国庆大合唱比赛""传承中华传统文化书法大赛""励志教育现场会""校园小交警""校园义工活动""某同学捐助活动""我的校服我做主""我的校园我清洁"等等活动的策划与组织。三是学生在参与策划和组织的过程中，德育已不再是抽象的文字，不是老师说教的道德规范和要求，而是在活动实践中不知不觉地形成道德需要和道德规范，学生完成了由知到行、由行到知的螺旋上升的成长过程，达成了自我教育、自我约束、自我管理、自我实现的目标，大大提升了责任意识和担当能力。

（三）参与设计与建设

缺失了学生的参与，校园文化建设将失去育人的功能，缺乏生动性和对学生的吸引力。宋朝华在德育管理中，将学校大量的建设与设计工作交由学生会分解为一个个的小项目，向全校学生征集设计方案，通过学生会的相关部门组建的评审委员会对收集的方案进行评审，还可以运用班会课等让全校师生对评审的方案进行打分，分值最高者入选并在学校的配合下实施建设。如学校举行了"我爱我校"系列活动，其中包括：美化校园（清洁校园）、校园沙井盖艺术设计、消防栓门设计、厕所美化设计、读报栏建设、"我的校服我做主"之校服设计、创建"最美教室"等等活动，学生按照自己的意愿和想法，运用自己的才华和劳动美化校园、建设校园，在全员参与、合作共建中，学生爱校、爱班、爱集体的情怀得到体现，良好的互爱互帮的人际关系悄然形成，初中生德育目标中的集体主义教育、劳动教育、爱国主义教育、良好个性心理品质教育得到实现。

（四）参与管理与评价

真正的主体性评价不是靠外力督促和控制实现的，而是由每个主体对自己行为具备的"反省意识及能力"实现的。因此，新课程评价把学生作为评价的主体，以学生自评、小组内容互评等方式，使学生参与到评价中来，在相互沟通和协商中增进了解，促成积极、友善、平等、民主的人际关系①。

学生参与学校管理，是学生互相学习、互相督促、互相促进、共同成长的基础，是实现学生自我教育、自我约束、自我管理、自我实现的德育目标的重要途径。在学校日常行为量化管理的过程中，学生干部就是管理和评价的主体，上至校、部学生会的学生干部，下到各班的班委成员，在执行常规管理制度时，对各年级、各班甚至每位学生给予过程性评价，如对旷课迟到、交作业情况等都做出及时的记录和汇报，确保了学校教育教学活动的正常进行。学生参与管理和评价的过程就是学生参与到德育实施的核心过程，这种规范和评价他人道德品质的实践经验，将德育目标转化为学生自我的道德需要，从他人要求转变为自我要求，学生更加容易理解和领会德育内涵，更加容易建立自己的道德观念及道德品质。进而，落实了初中德育目标，如集体主义教育、道德教育及社会主义民主和遵纪守法教育等。

珠海市文园学校组建了由教师和学生组成的"仲裁委员会"，职责是根据学校的规章制度，在因违纪受到处罚的学生提出异议时进行仲裁，由学生按章执法，促进了学生的法治意识，实现了学生自我管理、自我约束的目的。

珠海市文园学校于三年前设立了安全卫生信息员的学生岗位，即在学校每一个班级选派一名责任心强、做事细心的学生作为本班的安全卫生信息员。他（她）的职责是对本班教室内的教学设施以及功能教室的教学设施发现存在安全隐患及时上报，同时对学校校园内的设施设备存在安全隐患也可直接报告学校安保处，并且对同学之间存在的矛盾可能引发冲突的安全隐患也应及时上报班主任、级长和学生处，以便各部门或各层级相关教师及时处理，把安全隐患力争消灭在萌芽状态，防患于未然。每学期珠海市文园学校都要召开全校性的安全卫生信息员大会，对工作进行总结，并对做得好的学生进行表扬。力争做到让每个学生都提升安全意识，达到全校人人重视安全，人人关注安全隐患。

---

① 郭瞻予.素质教育理论与实践［M］.北京：当代世界出版社，2002.

案例：

珠海市某中学学生校服（运动服）设计及生产供应商

招标工作实施方案

根据珠海市教育局的统一规定和要求，2015年秋季开始，我校初一、高一年级新生将统一穿着×中的新校服。学生校服关乎学校的形象，涉及广大学生、家长的切身利益。为规范我校学生校服设计、招标工作，使新校服不仅面料好、款式新、质量高、价格低，而且还能够体现当代学生青春健康、和谐向上的精神面貌，得到家长及社会的认可，经学校行政会议研究决定，成立"珠海市第×中学学生校服（运动服）设计及生产供应商招标工作小组"，以确保及时招募到新校服的设计及生产供应商，能如期提供给2015年秋季的新生购买。为使相关工作有序进行，特制定如下方案。

一、组织机构

1. 领导小组

组长：校长

副组长：分管副校长、家长代表

2. 工作小组

主任：分管副校长

副主任：学生处主任、总务处主任、家长代表

成员：学生处副主任、各年级长、家长代表4名、校安监小组成员5名

3. 监察小组

副校长、组员

二、工作流程

新校服（运动服）的设计工作分三个阶段进行。

第一阶段：全面征求新校服的设计方案

（1）由工作小组拟定设计招标的工作方案，经校领导、处室主任、年级长、校安监小组、家长委员等成员组成的评审组会议审议通过后正式实施。

（2）2015年1月31日前，以网上公布、全校大会公布、校园内公示等多种方式向社会和全校师生公布学生校服（运动服）招标事宜，并接受符合招标资质的供应商报名。

（3）工作小组审议有意向参与我校新校服（运动服）设计及生产的供应商的资质。

（4）2月7日，学校召开"珠海市第×中学学生校服（运动服）设计及生产供应商招标工作联席会议"，邀请符合招标资质的供应商参会，公告新校服商务要求，签署相关协议。

第二阶段：全校师生从供应商提供的方案中，以投票方式选出4套校服设计方案，入围投标资格

（1）收集供应商提供的校服（运动服）设计方案，设计方案征稿的截止时间为：2015年3月2日。

（2）3月9—13日，学校在校道上展示供应商提供的校服（运动服）设计方案。

（3）3月23日，以全体师生投票的方式，评选出4套设计方案，及其供应商入选投标资格。

（4）供应商必须达到3家以上才能开展招标工作。

（5）海选款式的时候将不公布价格。

第三阶段：确定新校服最终设计方案及供应商

（1）评标时间：2015年4月24日。

（2）评标地点：报告厅。

（3）参加评标人员：学生代表（非毕业年级）每班男女学生各1名，家长代表（非毕业年级）3名（欢迎家长现场监督，但无投票权），教师代表4名组成。

（4）邀请教育局相关部门领导监督本次投标活动。

（5）监察小组对招标的全过程进行监督。

（6）最终评标流程。

① 主持人副校长宣布有关要求。

② 到会供应商以抽签方式确定顺序，并在5分钟内展示校服（运动服）设计的特点和优势，可用模特展示。

③ 评委会成员现场投票，监察小组监督现场计票。

④ 校长宣布计票结果及中标供应商。

⑤ 校长与中标供应商签约。

此方案的解释权归属招标工作小组，联系电话：0756-3××××××。

珠海市第×中学学生校服（运动服）设计及生产供应商招标工作小组

2015年×月××日

案例：

珠海市第×中学创建"文明教室"评估细则

为了创建我校规范、优美的教室环境，形成良好校园文化氛围，现出台《珠海市第×中学创建"文明教室"评估细则》，对各班教室环境布置及清洁提出具体的要求，请遵照执行。

教室环境布置及清洁要求表

序号	内容	评估细则	评分	评分
1	讲台	（1）台面干净，教具、清洁用具整齐摆放	3	
		（2）讲台上下不堆放杂物	2	
		（3）讲台内部投影仪、交换机等位置保持干净无灰尘、无污物	3	10
		（4）柜内物品摆放整齐	2	
2	白板	下课后，白板擦洗干净，框内无粉尘，电脑屏幕干净	5	5
3	桌椅	（1）桌椅摆放整齐，做到横平竖直，间距适中	5	
		（2）桌面干净无破损及乱刻画，书籍整齐摆放于桌面上或收于抽屉内	5	12
		（3）初中部下午放学后，椅子反扣在桌子上	2	
		（4）高中部把椅子整齐放入桌子下方		
4	饮水机	（1）饮水机放在教室前门旁	2	
		（2）机体及出水口清洁、卫生，水槽内无存水	2	6
		（3）储物格无杂物，饮水机周边地面无污水	2	
5	书柜	（1）书柜摆放在讲台旁边，内外清洁无积尘	2	4
		（2）柜内书籍摆放整齐，无杂物	2	
6	地面	地面清洁，无垃圾杂物，无污水	10	10

序号	内容	评估细则	评分		评分
7	门窗	（1）门窗（靠走廊一侧）无破损，干净明亮，无污渍，门、窗框及窗槽位置无灰尘	4	6	
		（2）前门班昭干净无张贴残留痕迹	2		
8	墙壁	教室墙壁保持整洁，无污渍、无破损、无乱张贴	5	5	
9	垃圾处理和卫生工具摆放	（1）及时清理垃圾，教室内无垃圾、无异味，垃圾铲中无垃圾	5	11	
		（2）卫生工具摆放整齐且干净，扫把摆放在教室后门的后面，拖把摆放于厕所各班相应的位置，保持清洁	4		
		（3）卫生工具数量：垃圾铲1个、拖把2个、扫把3个	2		
10	走廊	（1）班级外对应走廊保持清洁，无垃圾	2	4	
		（2）墙壁无污渍	2		
11	天花板、电灯、电扇	天花板及电风扇叶、灯管、灯架应保持清洁，无灰尘或蜘蛛网等	5	5	
12	窗帘及开关	（1）窗帘干净无破损，非使用投影时保持打开状态	4	7	
		（2）电器及开关保持完好、干净，教室无人时关闭电源	3		
14	黑板报及宣传栏（学校统一规范）	（1）黑板报内容为"小组捆绑评价区"（柱状图）、一周格言、课堂学生展示区	4	10	
		（2）第一块宣传栏：小组建设相关内容	3		
		（3）第二块宣传栏：班级风采相关内容	3		
15	走廊绿化	教室外走廊悬挂的花盆槽内放置三盆植物，植物生长状态良好		5	
16	特色布置（加分项目）	教室内布置着重创建文化氛围，可以根据自己的班级特点进行装饰布置，展现富有特色的班级文化。建议用优秀传统文化、名人名言等宣传画美化教室，处处体现教育和熏陶作用		20	
	合计	100分（规定项目）＋20（加分项目）=120分			

说明：每周五下午第八节课，由学生会生活部组织检查和评比，每月获得4次优秀等级的班级将获得月文明教室称号。

珠海市第×中学学生处

20××年3月13日

　　附：

九年级（3）"创建文明教室"活动学期总结报告

　　中华民族素有"礼仪之邦"、"文明古国"的美誉，为了传承中华民族的优良传统，学习现代文明礼仪知识，创建班级美好环境，我班认真落实学生会提出的倡议，高度重视"文明课室评比"活动，全班同学积极参与，取得"文明示范班"称号。

　　我们班根据评估细则，把任务分配到每个小组，小组又把任务分解落实到每个人。同学们在共同参与班级管理的过程中，深深体会到了其中的酸、甜、苦、辣，从而大大提高了自己的责任意识。强烈的责任感和成就感，也使大家更关心集体、更热爱班级。

　　搞好班级环境卫生，创建文明教室，对于这项长期的工作，我们班委对同学们提出了以下班规。

　　（1）要求各个组长清点人数，明确分工，做到责任到人，强调一切行动听指挥，防止发生争抢劳动工具的现象。

　　（2）禁止同学爬到窗户外擦拭，组员帮扶擦风扇的同学，防止摔倒。擦窗户、风扇的同学要特别注意安全。

　　（3）拖楼道的同学，不要在楼道内互相推挤、乱跑，不要扶着栏杆往下瞧，更不准攀爬栏杆。

　　（4）打扫卫生区的同学，注意轻拿大扫帚，防止扫帚的把扎手。

　　然后班委对所有工作先做计划，再统筹分配。先分配到组，再落实到个人。具体安排如下。

　　大扫除时，班长、卫生委员负责协调和验收。扫地、走廊墙瓷砖及上边瓷砖条、拖地、擦桌凳、拖楼道、打扫卫生区，每个小组指派一个小组长，负责工作。如第一小组组长安排5名组员负责擦瓷砖，教室有四面墙和走廊一面墙，每位同学负责一面。组员必须绝对服从小组长的指挥，组长及时向卫生委员汇报本组的打扫情况。对于卫生死角，组长亲自落实，班干部重点验收，确有困难的局部，个人、组长、班干部共同清理。在同学们打扫卫生时，卫生委员还要总体调控，观察每个小组的打扫进度，尤其要规范同学们的操作，对于那些存在安全隐患的做法，及时制止。发现有打闹的同学，及时进行提醒，防止安全事故的发生。

大扫除结束之后，我们班会对卫生干得最好、安全工作抓得最到位的小组给予表扬。也会提出某些小组在大扫除时存在的问题，并要求其做到更好。对不服从小组长管理的同学提出批评，并要求重做值日。这样更加体现我们是一个有奖就有罚、有规矩、有纪律的班级。

通过大扫除的活动发挥了小组自我管理的能力。小组所有成员各司其职、分工协作、相辅相成，保证了活动的顺利开展。减轻了老师和班干部的管理负担，实践证明，我们班所采取的层层责任制：组员对组长负责，组长对卫生委员负责，卫生委员对班级负责，不单使整体的工作效率大大提高，同时培养了每个同学对班级环境的责任感，培养了小组长的工作能力和班干部的统筹协调能力。总之，文明示范班级的创建工作改变了各班的风气和面貌，同学们不仅把"文明"体现在简单的口号上，更是成为文明的宣传者、实践者、示范者。在不断学习、不断规范、不断评比的基础上，我们在文明教育上有了更深远的认识，文明素质大大增强，校内形成了良好的文明氛围。我们用自己的小手拉起了社会的大手，共同创造文明新风尚。

班长：李某某

三、创新学生社团的自主化建设，着力培育学生责任担当素养

学生社团，是培养学生领导力，发挥学生特长，展示个人才华，培养兴趣爱好，提升个人综合素质的平台。因此，开展学生社团活动也正是培育学生责任担当素养的非常好的方式。宋朝华经过对学生社团工作的实践和研究发现，由以教师为主导的社团组织模式转化为以学生为主体的组织模式，收到非常好的效果。现在珠海市文园中学一直沿用这种模式开展学生社团工作，取得丰硕成果。例如，科技创新社团"晨天工作室"的李晨天同学2015年被团中央少年科学院评为少年科学院"小院士"；"七彩文园"文学社被评为广东省优秀文学社；校弦乐团获2012年维也纳第六届国际青少年音乐节比赛银奖、2014年连续三次荣获广东省中小学器乐比赛初中组一等奖；音乐、舞蹈社团获珠海市

少儿花会合唱金奖、舞蹈金奖；美术社团获全国中学生美术作品大赛特等奖；书法社获国家级比赛金奖；体育社团获广东省中学生运动会体育道德风尚奖、珠海市定向越野运动锦标赛连续三次团体第一名、广播操比赛团体第一名，篮球、排球、足球、乒乓球、羽毛球、棋类等成绩优异。

前几年，学校社团都是以教师担任指导者的方式开展学生社团活动，教师尤其是青年教师成长迅速，校本课程建设作为副产品得到了非常好的发展。但宋朝华在管理过程中也经常感到这种学生社团的模式远远无法满足学生日益多样化的要求。时代在进步，学生获取资讯的渠道非常宽泛，有些领域的知识连教师都了解不多甚至根本不了解，对该领域有兴趣的学生反而是这方面的小专家。同时，学校也感到在原来的模式下，一部分学生因为并不喜欢布置给自己的课题，所以参与的热情不高，只是作为一种任务来完成，完全失去了组建学生社团的目的。

为此，学校对以往的做法进行深入的反思，决定在学生社团的建设方面做一个创新性的改革。宋朝华作为主要负责人，制定了一个学生社团组建的工作方案，并加以实施，在实践中不断调整和完善。最终，珠海市文园学校在学生社团建设上有了突破，学生的主体性得到充分体现，学生更加热爱学生社团，学生的责任担当素养得到非常大的提升。具体方案如下。

（一）成立"学生社团工作小组"

"学生社团工作小组"成员仍由教务处、学生处、年级和科组成员组成，其主要工作包括：形成组建学生社团的工作方案，动员学生申报自己的社团项目，审核并初定社团项目，组织学生社团社长竞选暨成员招募大会，组织教师担任各社团顾问，组织社团招募成员现场会，公示各社团名称、社长及成员名单，对社团活动的开展进行督导等。

由于这种建设学生社团的模式完全颠覆了以往以教师为主导的组建模式，所以给学校带来了一个崭新的课题。

（二）广泛动员学生申报自己的社团

在学生社团组建工作开始之初，工作小组就制定了详细的工作流程，使每一位有意愿参加社团活动的学生了解整个"游戏规则"，让学生有充分的时间深入思考自己的特长与意愿，自主确定是否申报自己的社团，如何运作自己的社团，如何带领志同道合的同伴一起活动，一起成长，帮助他人提高某个方面的知识或技能。具体流程如下。

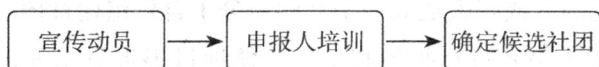

社团组建工作流程图

1. 宣传动员

由"学生社团工作小组"以"致学生及家长的一封信"和学生大会等方式，向全体学生及家长发出号召，鼓励有才华、有特长、有兴趣的同学申报由自己担任社长的社团，让学生明确学生社团活动内容、活动方式，以及宣传学生社团的意义和作用，鼓励学生苓领有着共同爱好的同学们一起在感兴趣的领域研究、交流和分享，提升自己的领导力，用自己的所长帮助同学们提升综合素质。学校在发出这个号召后，近200名学生（年级有1000名左右的学生）向学校提出申报学生社团的意愿，并递交了申报书。

××中学2014年学生创建社团、竞聘社长申报表

姓名		班级		性别		年龄	
申报的社团名称							
社团活动内容							
个人特长及该特长方面曾获得的奖励							
该社团开展活动的设想							

说明：

1.如有获奖，可将获奖证书复印件附上。

2.此表由班主任在2014年9月26日（周五）收齐，并于上午放学前交到级主仁处。

3.参加竞聘社团社长的同学，请准备9月30日（周二）的七年级和西藏班竞聘社长的演讲。

珠海市第×中学学生处、团委

七年级、西藏班

2014年×月×日

2. 申报人培训

"学生社团工作小组"及时对学生的申报书进行审核，甄选出符合学校软

硬件的各项实际情况，内容积极向上，有可行性的项目，对多人申报一个项目的加以组合，让两人或三人成立一个社团，分工合作组建社团。之后，还要对组织这些项目的申报者进行指导和培训，使项目报告更完善，更具有可操作性。同时，对这些"准社长们"进行演讲培训，使他们在社长竞选大会上有最佳表现。

3. 候选社团

通过对社团项目的审核，再经过对"准社长"的培训，可以确定具有一定组织能力和表达能力的学生申报的社团可以作为本年度备选的学生社团，并形成"××中学2014年学生社团备选一览表"。

（三）召开"社长竞选暨成员招募大会"

"学生社团工作小组"组织一场颇具声势的"社长竞选暨成员招募大会"，将"××中学2014年学生社团备选一览表"发给学生，"准社长"们则在大会上展示自己的社团和自己的能力，包括：社团名称、活动主题、活动内容、活动方式、成员要求、社团特色，以及自我推荐等，让全体学生通过社长的竞选演讲，了解社团情况及社长的个人魅力，根据自己的兴趣、爱好及特长，选择喜欢的社团。在珠海市文园学校"社长竞选暨成员招募大会"上，"准社长"们使出浑身解数，通过多媒体展示、实物展示、现场表演等丰富多彩的方式完美地展示了自己的社团和自身的魅力，令观众们热血沸腾，现场气氛热烈，掌声此起彼伏。

大会结束后，学校收集学生选报社团的初步意向，对无人选或很少人选的社团项目进行淘汰，对选报的人数过多的社团进行增补。并由教师们选择自己感兴趣的社团，担任顾问指导，主要是协助社长组织社团活动。

（四）组织"社团超市"活动

"学生社团工作小组"在校园里组织一场声势浩大的"社团超市"活动，让各社团的社长们摆摊设点，招募自己社团的成员。由于初中生心智还不太成熟，学校还是要求各社团的教师顾问们到场协助社长们布展和招募。整个招募的工作由社长设计，并确定本社团成员的标准。社长们根据标准，对前来应招的同学进行招募，应招的学生则表达出想参加该社团的强烈意愿，还提供相关证书，或现场表演等，争取得到社长的认可，现场登记姓名，成为自己心仪社团的成员。

珠海市文园学校的"社团超市"活动从下午3：20一直持续到5：00，各社团的社长们各出奇招，吸引更多的同学来申报自己的社团，诗文社就用醒目的宣传语；新闻社则因条件过高，招不到令社长满意的成员，辅导老师劝社长"差不多就行了"，可是社长坚持原则，还临时写出一条横幅："为了你做记者的梦想，加入我们吧！"在校园内巡游；篮球社人满为患，社长明确表示只接收在小学阶段打过校队的篮球队员；数学兴趣社则要求同学们以抽签的方式做出他们早已准备好的数学题目，力求将有数学兴趣和数学天分的同学招募到自己的团队中，等等。

总之，由学生掌握话语权的现场让老师们为之惊喜，社长们对工作认真负责，要求明确，有很强的原则性；参加招募的学生们在学生会纪检部学生的引导下，在各社团的招募台前有序地排队等待，整个现场井然有序，完全无须老师的参与管理，给在场的老师们不小的震撼和启发。

（五）公示社团名称、社长及成员名单

根据各社团在招募会上招募的成员名单进行整理，并加以公示，公示内容包括：社团名称、社长（及副社长）姓名、社团活动地点、社团顾问教师姓名等，并通知学生第一次活动的时间，此时，学生社团组建工作基本完成。

（六）开展社团活动及评价

学生社团活动开展及评价环节与第一个模式基本相同，只是在教师指导方面不太相同。因为教师只是协助社团社长工作的顾问角色，其职责是协助社长确保社团成员的正常出勤，督促社长按计划正常开展社团活动，做好社团的后勤保障工作，协助社长对社团成员进行公正的评价等。所以，教师在社团中不再具有主导性，是引导和协助社长贯彻落实他的"办社"理念，从而充分调动了学生的主观能动性和积极性，为学生搭建了展示自我、同伴互助、自我管理、自我实现的大舞台。

总之，这种组建学生社团的模式深受师生的欢迎，学生的社团项目也表现出很强的时代感，不再是十几年、几十年如一日的那代人都参加的第二课程活动，社团的项目令人耳目一新，如宫崎骏漫画社、枪械社、微雕社、环保艺术社、西式餐点社、滑板社等等。不少教师主动要求参与到自己不熟悉的社团中，向学生社长学习请教。师生在这种学生社团组建模式中真正得到共同的学习和提升。

四、为学生设置畅通的言论渠道，开言纳谏，提升学生主人翁意识

学生参与学校管理，需要畅通、安全的渠道，只有这样，才能够开言纳谏，让每位有想法的学生充分地表达自己对学校建设和发展的建议，提出自己的诉求，争取自己的利益，维护自身权益，从而营造民主的校园氛围，实现社会主义民主教育的目标。

宋朝华所在的学校，在显著的位置上设置了校长信箱，使学生的声音直接传到校长耳中，而校长的及时反馈更加激励学生参与管理的兴趣和愿望。信箱设置不久，校长就收到了一封学生的建议信。由于客观原因，学校精英社团——管乐团训练中断了一年多，社团成员要求恢复社团的建议信让校长非常感动，并引起了学校高度重视，社团重建工作被提到议事日程上来。最终，学校排除万难重新组建了校管乐团，使学校的传统优秀精英社团得到了重生，团里的学生实现了自己的愿望，更加热爱学校，热爱音乐。这批学生参与学生管理的自信心和对学校发展的责任感得到提升。

每学期举办的学生代表大会，校长及各部门的主任到会。在会议上，学生就学校建设、教师安排、课程安排、校园环境、活动安排、制度建设、各级出现的问题等都会提出具体的意见和建议，为学校管理出谋划策。同时，校长也通过这个平台，向学生解读学校的办学理念和发展目标，以及学校的一些举措等，充分体现民主办学的理念，使学生参与到学校管理中，提高学生的主人翁意识，师生同心同德，为学校发展共同努力。

另外，学校还以班为单位，设立了学生安全员的岗位，并给予其安全知识、安全责任等有针对性的培训。从此，校园中多了50多双眼睛，从学生的角度关注校园安全，关注学校的建设。学生自己发现学习环境中的安全问题，及时报告，及时维护，及时解除，直接参与学校的安全卫生管理，并且能够直接与学校管理部门对接、对话，对学校的安全工作有所促进与提升。

安全隐患及公物维修申报表

××中学安全隐患、公物维修申请表			
申请人（安全员）		申请时间	___年___月___日
维修地址		___楼___层___年级___班 或_____（具体地址）	
维修（或安全隐患）情况：			
班主任签名			
紧急情况请致电总务处车老师：0756-329××××，内线：××××。			

五、学生参与各级评价，提升学生自我管理、自我实现的育人目标

（一）学校层面

在学校层面上，学生处对在学生会、团委、班级工作中表现卓越、做出突出贡献的学生，以及在各项活动中积极参与、取得突出成绩的学生进行全校性表彰，以此鼓励更多的学生参与到学校德育管理和活动中。

（二）年级层面

年级对在年级管理和年级各项活动中表现突出、做出贡献、服务出色的学生进行表彰。

（三）班级层面

在班级每个星期的班会课上，在学期末的各项评比的过程中，学生之间通过开展自评、互评活动，必然会运用社会规范和道德标准进行反思自省和对他人进行评价。在这个过程中，学生在思想上自然而然地形成积极的道德观，并实现由"他律"转为"自律"的内化过程。

（四）小组层面

学校大力推进小组文化建设，每个班分成若干小组，建设小组文化，开展小组内及小组间的竞争与合作。在德育活动中，各班也经常以小组为单位开展活动，以此来培育学生对自己及小组的责任担当。

案例

"乐助蓝天"志愿服务简介

"乐助蓝天"志愿服务自2016年10月由校团委首次组织实施后逐步形成体系、形成品牌、形成特色，利用课余时间，带领中学生走出校园、走向社会，在珠海的城市地标"珠海渔女"和海滨公园周围进行环保宣传、交通引导、旅游指引志愿服务。该项目活动截至2018年6月已开展12期，平均每期参与的师生和家长的人数在100人次以上。在现场志愿服务活动结束后的主题班会课上，志愿者们还要进行活动的总结分享，书写活动心得体会加深在志愿服务目的、意义和体验等方面的认识，在理论与实践中学做合格志愿者，懂得青年人的责任担当。项目活动坚持以党的十九大精神为指导思想，创新内容和机制，开展"举先进旗帜、树先锋形象"活动，自觉践行雷锋精神，用实际行动服务社会，热心公益、乐于奉献，积极开展志愿者服务活动，提高中学生的社会责任感与社会担当，提高公民意识。通过"乐助蓝天"志愿活动实现立德树人的目标，让学生能够在自己受到教育的同时带动身边人爱护环境、倡导志愿服务。

"乐助蓝天"志愿服务得到了师生、家长和社会的高度认可。在2018年第4期的广东省中学共青团工作简报中，被列为珠海市中学共青团改革抓好强基固本，守好源头活水的品牌项目。活动先后两次被刊登在珠海特区报，一次被刊登在珠海教育公众号，2017年10月在珠海市教育系统"逐梦100"团建项目结对推进会中，该活动作为特色品牌项目被介绍。2018年4月学校获评为首批"广东省中学生志愿服务示范校"，切实履行好示范学校职责，发挥好典型示范作用，推动实现本地区中学生志愿服务事业的更大发展。学校以志愿服务培育学生成长成才为出发点，坚持培养广大团员和青年的先进性，坚定理想信念，放飞青春梦想，永葆肯吃苦、不怕苦的奋斗精神并从中汲取智慧力量！

共青团×中学委员会

2018年6月

第六节　协同育人

《中小学德育工作指南》指出，加强家庭教育指导，构建社会共育机制，争取家庭、社会共同参与和支持学校德育工作。坚持协同配合，发挥学校主导作用，引导家庭、社会增加育人责任意识，提高对学生道德发展、成长成人的重视程度和参与度，形成学校、家庭、社会协调一致的育人合力。

初中生核心素养的培育需要学校、家长和社会的相互协作，只有三方在德育理念上保持一致，在行动方面统一发力，才能达到聚沙成塔的德育效果。为了统一德育观念，"学校家委会"和"班级家委会"起到了非常重要的桥梁作用，而学校社区的协助更是使学校的德育工作如虎添翼。所以，在培育学生责任担当素养方面，三方合力是非常重要的。宋朝华在实践中总结了一些实用的做法供同行参考。

一、充分利用家委会功能，促进家校合作，提升育人效果

家委会的成立目的是建立家校沟通的桥梁，促进家校合作，形成家校合力，为孩子成长助力。主要工作是：成立家委会主席团，自荐或推荐家长委员会主席，每班一名，作为与学校沟通的主要代表；做好学校和班主任与家长沟通的桥梁，正向引导家校信息沟通，及时向学校提出意见和建议；通过智慧校园平台、QQ群和微信群等手段，了解本班家长信息动态，引导家长群正向解决问题，宣传班主任、科任教师的付出和努力，如有问题及时反馈给学校，协助学校和家长解除误解，缓解矛盾；针对校园管理工作向学校提出意见和建议，及时做好沟通；调动家长资源、专业人士对学生社团活动进行指导，为年级大型表彰活动颁奖等。

二、学校通过家委会指导家庭教育中责任担当素养的培育策略

家委会，是家长组织，是学校与全体家长联系的桥梁和纽带。通过家委

会，学校要传递正确的家庭教育中责任担当素养的培育策略。

1. 明确家庭责任

家庭是学生最早接触的社会，也是人生中最重要的学习环境。家长对孩子的责任，孩子对父母、对家庭的责任的认识要在家庭环境中加以培育。对于初中生来说，家庭责任是在情感上体贴父母，感恩父母为家庭的付出；从感情上接受父母的教诲，及时改正错误，在正确的人生道路上大步向前；在学习上，对自己的学习负责，为将来接力父母，担负起家庭重任而努力刻苦；在生活上，为父母做一些力所能及的家务，承担家庭生活责任，减轻父母的压力等。

2. 实施孝老爱亲行为

孩子从父母身上学习对长辈、对亲人的态度，就是所谓的家教，家长的以身作则，将培养出孩子正确的人生态度和孝老爱亲的实际行动，从而增加孩子的家庭意识和家庭责任感。

3. 积极参与家庭决策

民主家庭更能培养出具有强烈责任感的孩子，因为民主意识让孩子对自身的价值和责任有更多的体验和思考。所以，学校通过家委会建议每个家庭尽可能尊重孩子的意见，让孩子参与到家庭事务的决策之中，培养孩子的家庭责任意识。

有一个朋友，听了宋朝华的建议，将假期外出旅游的想法拿出来开了一个有孩子参加的家庭会议。经过反复对比，确定了旅游路线及相关事宜，但从中孩子感受到经费方面的压力，无法实现更好路线的选择。所以，孩子下决心，一定要好好学习，带父母完成心愿。这是非常有意义的一次家庭会议，孩子从中体会到自己对家庭的责任。

4. 致力营造和谐家庭氛围

家庭氛围的营造，不仅仅是父母的责任，孩子也要担负重要的责任。这个观点对于很多家长来说，是陌生的。中国的家长更容易找自己的原因，更愿意自己多付出为孩子营造良好的氛围。但他们忽略了孩子在家庭中的重要地位和作用，在营造家庭的和谐和愉快的氛围中，孩子应该担负一定的责任；而不是只要求父母无限地付出，自己无条件地享受。做到了这一点，对培养孩子的家庭责任意识有更加深远的意义。

5. 担当家庭文化的传承与发扬

每个家庭都有自己的生活方式、教育方式等，家庭文化对孩子潜移默化的影响力是巨大的，文艺世家的孩子一般都喜欢文艺，体育世家的孩子更喜欢运动，教育世家的孩子谈起教育头头是道。所以，每个家庭都可以发挥自家优势，让孩子承担家庭文化传承和发扬的任务，从而培育孩子的责任担当素养。

三、成立家长护校队，让家长们成为孩子们责任担当的榜样

成立家长护校队，学校组织和安排家委会成员，在每天学生上学、放学的时间，协助学校维护和监督校园外周边的安全工作。监督学生交通行为是否规范，如骑车载人、逆行、抢道、横穿马路等行为，如发现可拍照发给学生处，由学校进行帮助改正教育。留意校园周边异常现象，如发现学生异常聚集在校外、外校学生滋扰学生、疑似兜售违禁物品等可疑现象，可拍照发给学校；遇紧急状况，可以及时联系学校保安或者报警做处理。执勤时间：上午7：10—7：40，中午12：05—12：30，下午13：50—14：15，傍晚17：20—17：45。穿着文园义工服（文园义工服在门卫处）进行执勤。

四、密切学校与社区的共建关系，为责任担当素养的培育助力

1. 社区在学校与家长之间起到桥梁作用

学校与所在社区的协作关系是非常密切的，宋朝华在实际工作中经常发现家长对学校不信任，或者家长对班主任或教师产生误解，或者家庭教育不当导致学生行为偏差，或者家庭矛盾引发学生的思想问题，或者学生放学后无人管理引发的行为问题等。社区可以在家长与学校之间搭建沟通的桥梁，形成联结的纽带，使家校之间沟通更加顺畅。

例如，宋朝华所在学校九年级的一名学生，因多种原因不肯返校学习，家长问其缘由，孩子为了躲避家长的追问，杜撰故事，委过于班主任，说是因为班主任针对他，不让他进教室，对其进行长期体罚导致的不想上学，害怕上学。家长偏信孩子的一面之词，对学校和班主任百般责难，无论学校如何将调查的结果告知家长，家长都不相信，要求学校和班主任承担一切后果。后来，学校所在社区的党委书记出面，以第三方的身份对此事进行调查，通过问卷调查、访谈师生、与当事学生谈话、调取学校监控录像等多种方式，还原了事实

真相，不仅给予班主任工作的肯定，也对家长进行了教育，同时，还对当事的学生和其他学生进行了责任教育，让学生从中学会了要对自己负责，还要对他人负责，更要对学校、家庭负责的道理。

2. 学校对社区管理起到辅助作用

每个社区的管辖区域都有很多初中生的家庭，社区在所辖区域开展加强家长教育的活动，学校应给予大力的支持。初中为义务教育阶段，几乎所有的学生都来自周边社区，学校将家长学校开设进社区，即送教上门，大大减少了家长的压力，提高了针对性，也充分体现出教育为人民的服务态度。同时，家庭教育质量的提升对学校教育的实施起到重要的促进作用。学校的社区责任担当意识将会更好地影响每一位家长，从而潜移默化地影响每一位学生。

3. 社区协助学校开展学生社会实践活动

放假期间，学校要求学生参加社会实践，体验为他人服务、为社会服务的意义，提高学生的实践能力和责任意识。社区组织的"小区义工活动"等活动，动员辖区内的人们参加，尤其为学生提供更多的实践机会。这对学校育人目标的实现起到很好的支持作用。

附：

××街道××社区与××中学开展党建结对共建协议

甲方：＿＿＿＿＿＿＿＿＿＿＿＿＿

乙方：＿＿＿＿＿＿＿＿＿＿＿＿＿

为更好地开展××社区区域化党建工作，经社区、学校双方党组织协商，决定开展党建结对共建工作，订立如下协议。

（1）共建的项目内容：针对居住在社区、读书在××中学、需要帮扶的学生家庭，双方充分利用各自资源及优势，共同开展家庭探访、矛盾调解、济困帮扶等服务。共建项目统称为"红色关爱工程"。

（2）共建的时间：从2018年7月1日至2020年1月31日。

（3）共建的具体要求：

① 建立社区与学校共建联席会议制度，根据实际，不定期针对共建项目进行分析、研究和总结；

② 双方确定共建联络人，建立线上、线下沟通联系方式，尤其要加强共建项目信息共享、资源共享、宣传共享等。

（4）本协议一式二份，甲、乙双方各执一份。

双方按本协议履行各自义务，及时通报工作情况，确保共建各项工作的需要。

甲方单位（盖章）   乙方单位（盖章）

负责人签字   负责人签字

时间   时间

第四章

"我的责任我担当"主题教育案例

希望你们不是贪图安逸、坐享其成的一代，而是艰苦创业、造福人类的一代；不是因循守旧、墨守成规的一代，而是勇于创新、开拓前进的一代；不是满足现状、不思进取的一代，而是向往明天、创造未来的一代。

——邓颖超

生活给予人们的最高奖赏就是埋头去做应做的工作。

——罗斯福

凡属我应该做的事，而且力量能够做到的，我对于这件事便有了责任。

——梁启超

人唯一可以自我夸耀的只有职责。

——培根

第一节 学科渗透

语文学科教学中利用情绪机制培养学生责任担当素养

情绪是指伴随着认知和意识过程产生的对外界事物的态度，是对客观事物和主体需求之间关系的反应，是以个体的愿望和需要为中介的一种心理活动。

核心素养指学生应具备的适应终身发展和社会发展需要的必备品格和关键能力。共分为文化基础、自主发展、社会参与三个方面，综合表现为人文底蕴、科学精神、学会学习、健康生活、责任担当、实践创新六大素养。

何谓责任担当？能主动作为，履职尽责，对自我和他人负责。因此在语文教育教学活动中，要抓住教育的时机，利用情绪机制培养学生的责任担当素养。

王英教师在自己的教学生涯中，运用情绪管理，用爱促进学生反思自身行为，培育学生责任担当素养。

案例回放：星期五上午第一、二节为语文课，进行课堂模拟试卷训练。15分钟之后，小潘背着书包无精打采地来到教室门口。放下书包，小潘就趴在桌子上，我提醒他抓紧时间完成试卷，他嘴里嘟囔着："没睡好，不做。"我心里暗忖：难道与昨天发生的事有关？

昨天抽查第八组语文作业，位置在第二组的小潘迟到了。想起几天前与小潘聊天，他要求老师"放弃"他，我没有答应；之后他又要求老师对他更"凶狠"一点，一旦做不完作业，就留堂、不吃午饭、罚跑、给家长发信息。听着小潘提的建议，其中大部分有违师德，只有"给家长发信息"可以操作。再深层次分析，小潘的建议全是来自外力的约束，没有自我负责的意识，这一点是在接下来的教育中应该关注的。

于是我趁小潘迟到的机会，将作业抽查的范围扩大，让小潘交作业，想看看小潘在前天提出建议后的思想状况。小潘当场就嚷嚷不公平，为什么检查他的作业，他又不是第八组成员。当然检查的情况不尽如人意，小潘有一项阅读作业没有完成。下午我将语文作业检查情况的信息发给了小潘的家长。

看来今天他是带着情绪来上学了。

小潘是个让人看上第一眼就喜欢的孩子。他有一双明亮的眼睛，思维反应很快，可是对学习语文不感兴趣。我很想让他喜欢上语文，我不知道自己是不是有点强人所难，但我认为语文是陪伴一个孩子终身的学科。于是当他提出让我放弃他时，我千方百计地进行"拯救"行动。上课多关注他，课堂上发现他回答问题正确，就可着劲儿地表扬他。但我感觉收效不大，因为小潘似乎常常会将正面的东西反着来看待。例如，表扬他语文成绩有进步了，他会说："这是我人品好。"人品就是学生间流行的"运气"的同义词。倘若考试退步了，找他谈心，他会说："本来我的语文成绩就不好，没什么啊！"

下课铃响了，他果真没交来试卷。我找到班主任，问小潘的情况。原来昨天小潘的英语、数学、物理作业都没有完成，各科老师不约而同地给他家长发了信息，能想象小潘被气急了的父亲好一顿臭骂的情形。可见小潘昨天晚上是多么的痛苦和郁闷。于是第二天一早，他以迟到向责备自己的父亲表示愤怒，以不交试卷向老师表示不满。找到了小潘坏情绪的源头，我决定先冷处理一下，给他留一点自我反省的空间。

新的一周开始了，小潘的情绪仍旧是低落的，看来这个周末小潘过得不轻松，我开始实施冷处理。我在课堂上表演着"变脸"的戏码，对其他同学我和颜悦色，看他的时候，我的表情是严肃的。小潘的思维出现疑惑。按照正常的情绪管理心理，孩子都是渴望老师注意的。当老师不注意他时，他会去想自己什么地方没做好，让老师生气了。这就是有意识地在引导小潘学会自我反省。

下课了，小潘将作业放到我的桌面，批阅后，我发了一条信息："家长，您好，您的孩子今日按时交作业了，请多鼓励。"下午第八节是语文自习，进行无人监考，诚信小测。到收卷的时候，我一进教室，小潘赶紧说："老师，我做试卷了。"于是在放学前又发了一条肯定他的信息："家长，您好，您的孩子在今日第八节课上完成了一张试卷，请多鼓励！"这是告诉小潘，老师其实关注着他，对他做对的地方肯定，做错的地方批评，人要对自己的行为负责，对自己的学习负责，对自己选择的路负责。

星期二下午上课，大家在自主复习文言文，小潘将昨天的议论文作业交上来，我翻开一看，其中有这么一道题"结合文章内容，说说要做一个汉字的传人，我们可以怎么做？"小潘的答案是"我要好好学语文"。这个答案和文章内容一点关系都没有，但抛开文本，和论题又是有关联的。我知道找小潘谈话的时机成熟了。我示意小潘过来，等他走近时，我低声对他说："对不起啊，老师上周伤了你的自尊，不该以迟到为由查你的作业。"他的脸竟然有点红，他不知所措地摇摇头，又点点头。他没有想到老师竟然可以向他道歉，他的情绪认知里，反省认知被"壮大"。然后我指着作业中他的答案，告诉他，老师看到了他的愿意学好语文的心，他不好意思摇摇头又点点头（这是他的经典动作，也是他内心世界的一个情绪外化表现——是又不完全是，他并不能肯定）。我趁势说道："这两天老师课堂上对你没有一丝笑容，你开心吗？老师不再逼你交作业，你开心吗？老师不发信息告诉家长你在语文课上的表现，你开心吗？"一连串的问题抛出来，小潘有点吃不消，他用"不知道"来反击（不是不知道，而是不肯承认自己的不开心，怕老师就此知道他内心的小九九，以后再也没有抱怨的机会了）。我动之以情："老师关注你，是因为不想让你掉队，也许是老师太贪心了，你已经满足80分，可是我还希望你能上90分，甚至100分，所以你觉得很难受，很反感，于是对老师有抵触情绪，如果真是这样，那你今天就表个态，只需要80分即可，多的不要，那我就真的不再为难你了！"沉默，还是沉默，我知道此时的小潘心里在思量，最终，他表示愿意往前走。这段沉默的时间就是小潘的自我反省，他需要被人认可，就像他的数学能上110分，那真是骄傲得不得了的事情，于是他在其他课上可以复习数学，可以做数学难题，他好上加好的目的是什么，是对自己能学好数学的责任意识。

此后，他的作业隔三岔五能交来让我检查，课堂上也能有大部分时间温习语文，一周时间过去了，他的学习状态慢慢调整过来了。新的一周开始了，课堂上当我在进行材料分析题的讲解时，小潘的复习资料没带，他赶紧找后面同学借来看。这个举动在以前是没有的，这时的他知道该怎么主动去对自己的课堂负责，而不是轻易放弃这节复习课。他的责任担当素养在慢慢养成。

我利用情绪管理，找到了开启小潘心扉的钥匙——公平和爱，利用情绪管理，有意识地培养小潘的责任担当素养。他要公平，我给他所要的公平——事情已经发生，只有直面于它，然后反省道歉，这就告诉小潘，老师和学生是一样的，也有犯错的时候，如何处理呢？是纠结过去，还是展望未来，或是活在当下？我的道歉给小潘做了一个示范，当下是最重要的，解放自己的心灵最重要的还是关注当下。"逝者不可追，来者不可知"，可把握的唯有当下，可以负责的也是当下。

在处理这一切的过程中，我无时无刻不倾注着满腔的爱，我知道作为语文学习上吃力的孩子，他既想学好，又不想吃苦，满足于超过72分的及格线。可是在每一次考试分析时，又有几分想学好的热情，只是这个热情是三分钟热度，持续燃烧的时间不长。在学习语文的世界里，小潘纠结着前行，所以他既希望我"放弃"他，又希望我对他"凶狠"一点。在他敏感的内心世界里，他渴望成功的喜悦，但屡次获得的是失败的打击。

在目前中国教育体制下，多数学生尝到的是失败的打击，自信不足，但又常将失败归因于外部因素，缺乏对自己负责的意识，缺乏责任担当的素养。

因此我认为作为一线教师，天天与孩子面对面，天天接触到孩子鲜活灵动的生命和灵魂，要有意识地培养孩子的责任担当素养，对自己的学习负责，而这种责任担当是一直可以延续到他以后的生命历程里的，对自己的人生负责，对社会负责。我觉得这一点很重要，也是作为教师育人的一份职责。

（作者：珠海市文园中学语文教师　王英）

从"张骞"到"张謇"引发的思考

——灵活实施课堂教学，培养学生的责任担当素养

一、教学案例

这节初三复习课，我原本计划复习汉武帝大一统的措施。讲到张骞（qiān）出使西域，我刚在白板上写下"张骞"两个字，就有学生在下面问："老师，塞字头加一个言的人又是谁？"我知道他指的是"张謇（jiǎn）"，便把张謇的名字写在张骞下面，并配上这样一句话"张骞骑马出西域，张謇能言是状元"。看到全班都笑了，我也很开心。初三了，孩子们很累，脸上的笑容越来越少了，这灵机一动编出的顺口溜就把两个难写难记的历史人名用他们的

特征区分开了。我顺势接着问："谁能具体说说这两位人物的历史功绩？"

学生们对张骞的事迹记忆深刻，很快答出"张骞两次出使西域，促进了丝绸之路的开通"。对于张謇，只能回答出他是晚清状元，我补充道："张謇不仅是晚清状元，难能可贵的是他最终放弃功名，弃官回乡办企业、办教育，实业救国。"

"两人有什么共同之处呢？"我追问，调皮的学生快速接话道"都姓张，名字都是塞字头"。全班又一次笑了，我也笑了，说："回答对了，但只看到了表面，请大家结合他们两人所处的时代背景，分析一下他们品质上的共性！"学生们七嘴八舌地说出了自己的答案"有才能"、"有胆识"、"肯吃苦"……小孟同学举手了，看到他胸有成竹的样子，我示意他来回答。"老师，我觉得他们品质上的共性是都有浓浓的家国情怀，'有责任、肯担当'，张骞为实现汉武帝联合大月氏共击匈奴的宏愿，明知西行滚滚沙漠又经匈奴险境却毅然应募出任使者，终于开辟出丝绸之路，这就是担当；而张謇在晚清国事没落、国将不国之时，能弃官回乡寻找实业救国之路，这也是强烈的责任心促成的。"

我带头为他的精彩回答鼓起掌来，总结道："正如小孟同学所言，张骞、张謇所处年代虽相隔两千年，但他们在国家有难之际所表现出来的至深的家国情怀和责任担当却如此相同，历史上有众多和他们一样能尽责、肯担当的仁人志士，让我们找一找他们的名字，列一列他们的事迹，做一个主题复习，每个小组把相关人物的名字写到白板上，看看哪一组找得最多，讲解得最好！"

学生们完全被调动起来了，每个小组的讨论都积极而热烈，讨论结果被快速地写到白板上，10分钟的讨论时间过去，被划分为六块的白板已经被六个小组写满了名字。

讲解环节到了，每个小组派出精兵强将，各个侃侃而谈：勾践卧薪尝胆最终成功复国是担当，以身殉国自沉汨罗江的屈原有担当，汉武帝有过勿惮改下《罪己诏》是担当，"强项令"董宣的秉公执法、诸葛亮鞠躬尽瘁的尽职尽责、魏征直言勇谏的耿直、岳飞精忠报国的坦荡、文天祥临危授命的不屈、谭嗣同慷慨赴义的执着都是强烈的责任与担当！苏武牧羊十九年的坚守、玄奘西游和鉴真东渡的艰辛都是完成大使命的担当！霍去病"匈奴未灭，何以为家"舍家为国的豪情，邓稼先、黄大年毅然回国的拳拳赤子之心，王二小、黄继光、邱少云舍生赴死的决绝，都彰显了报国的担当精神！

我惊讶于孩子们的口才和激情，这是以前课堂上少见的场面，他们的脸因兴奋而涨红起来，显然他们是为这些历史人物"大担当"的家国情怀所感动！

我适时地总结："同学们列举得很好，历史上、现实中，无论帝王将相还是高僧、学者甚至一介布衣、懵懂少年，在时代赋予的机会面前，只有敢于担当的人才能最终取得成功，成为历史的主人。张骞的名字同丝绸之路紧紧连在一起，成为至今仍为人称颂的'凿空'第一人。张謇作为'状元实业家'，把他的家乡南通打造成'中国近代第一城'。让我们从他们身上汲取力量，做有责任肯担当的00后！"学生们意犹未尽，铃声响起，他们还念叨着"司马迁、王昭君、班超、文成公主、郑和、戚继光、邓世昌、孙中山……"

二、教学感悟

这是不期而遇却又久久回想的一节课，由两个字引出两个人物，由两个人物又升华出数个有血有肉、有情怀能担当的大写的灵魂，学生们需要这样的引领，因为终有一天，当他们遇到人生抉择的时候，"责任和担当"将成为他们的航标！

三、教学反思

1. 历史教学中培养学生责任担当素养的必要性

新课程目标针对历史教育的社会功能，对学生的情感态度与价值观的形成与升华提出了新的要求："形成对祖国历史与文化的认同感，初步树立对国家、民族的历史责任感和历史使命感，培养爱国主义情感，逐步确立为祖国的社会主义现代化建设、人类和平与进步事业做贡献的人生理想。"可见，培养学生责任担当素养中的社会责任、国家认同是历史教学的应有使命。

2. 历史教学中培养学生责任担当素养的迫切性

当前中学生的社会责任感缺失问题已不断暴露出来，他们社会情感冷漠，对他人、对社会、对国家漠不关心。而从小对人、对事淡漠无情的人，长大后也很难会对事业、对国家有责任感。

独生子女的家庭氛围，往往使学生养成唯我独尊的心理。争利、抢先、畏难、偏私、难于合作现象非常普遍，他们在情感上只知获取，不知担当，这更加剧了责任担当素养培育的迫切性。

3. 历史教学中培养学生责任担当素养的可行性

历史教学中包含丰富的责任担当素材：政治家的胆识、科学家的严谨、艺术家的审美、军事家的韬略……优秀历史人物具有的积极责任担当素养能发挥巨大的暗示作用。它潜移默化地影响学生，能引发学生的联想，激发学生的情智，催动学生的灵感，提高学生各方面的感受力，从而帮助学生树立责任意识。

四、历史教学中培养学生责任担当素养的策略

1. 在教学内容的把握上做到全面渗透、典型引领

首先，责任的产生是建立在了解的基础上的，对于人类历史的了解，贯穿于整个历史教学的始终，是持续的教育过程和认识过程。全面渗透，即每一节历史课都引导学生了解社会的发展，体会社会的进步，进而产生积极的社会情感，树立社会责任意识。

"历史学习是一个从感知历史到积累历史知识、从积累历史知识到理解历史的过程。"①

从原始社会的狩猎采集到刀耕火种的农业社会再到蒸汽化、电气化和信息化的工业社会，人类社会的每一次飞跃都有一批又一批有责任、肯担当的先驱去尝试、去引领、去改变，他们的付出极大地改变了人类社会的发展面貌。作为青年学生，了解历史的变迁，更要努力学习，充实自己，为担当更多的社会责任储备力量！明确自己的未来发展目标，树立社会责任意识。

在三年的教学周期中，培养责任担当素养的目标应始终明确，而实施的过程却随历史脉络的逐渐展开徐徐呈现，这种润物无声、水到渠成的渗透才持久而有效。

其次，典型引领，即以优秀人物的典型事例来引领，培养学生坚定的责任意识。追星时代的孩子们，不能只是网红的粉丝，更需要历史上真正的大英雄做偶像。历史上优秀人物的担当情怀能对学生的心灵产生撞击，使之原有的

---

① 中华人民共和国教育部.历史课程标准［M］.北京：北京师范大学出版社，2001.

思想认识、情绪态度、品德行为得到深化或转化。例如，花木兰替父从军的果敢、郑和万里远航的壮举、林则徐虎门销烟的正义、邓世昌与舰同沉的悲壮……这些人物的家国情怀和责任担当皆可作为有效素材传达给学生，从而实现典型引领的作用。

在教学内容的落实上，教师要有敏锐的发现力，依据学生的具体情况灵活实施。在本案例中，我发现初三学生因中考压力大而渐失往日的活力，学习处于低效的状态，果断打破原有的教学计划，巧妙地由两个相似的人名，导出一节颇具创意的主题复习课。教学效果远比依据考纲、落实考点的传统复习课高效且影响持久。

2. 在教学方法的采用上应循序渐进、灵活实施

责任担当素养的培养是细腻而持久的教育过程。教师应随着学生年龄和学段的变化，循序推进，针对不同教育内容采取灵活的教育方法。

（1）对于初次涉及的典型人物事例，应以教师的讲解分析为主。例如，初中历史教学中最早接触到的责任担当的典范人物是周公旦。在西周初立、成王年幼、周公旦摄政当国之际，周公忠诚护国，平定三监叛乱，制礼作乐，建立典章制度。更难得的是他身居高位却勤奋俭朴，虔诚待士，以致周公吐哺、天下归心，最终还政成王，功成身退，完成了巩固周朝统治的历史大任！周公是孔子最为敬佩的古代圣贤，他的身上集中体现了责任担当的大义。

这样的典型案例，教师应帮助学生分析责任担当产生的时代背景、个人品质及历史影响等要素，为后续学生们的自主学习和合作探究做好铺垫。

（2）对于有争议性的事例，建议采取辩论对抗的方式，挖掘责任担当的素材，由学生自主生成观点。例如，学习《秦王扫六合》，对秦王嬴政这样一位毁誉参半的人物如何评价？他到底是不是有担当的大英雄？教师提出："假如你是秦王嬴政，面对战国纷争的局面，你如何决策？如何看待他的功与过？"学生分两组先讨论再以辩论的形式表达观念。讨论中学生热情高涨，既有以谋臣身份给秦王嬴政出谋划策的，又有以谏臣身份指出其不足的，更有以历史评判员身份客观评价其功过得失的……辩论时，互论陈词，互不相让。学生们学会了从当时的历史环境、从不同角度去评判历史人物。没有片面地以单方面的功与过或好与坏来为其画脸谱，从而肯定了秦王嬴政结束春秋战国长达数百年的纷争，终于开创了统一局面，成为千古一帝。其力行统一，无疑是大作为大担当！

（3）对于相同历史情景下的表现出相同情怀的人物，建议运用学生小组合作交流的方式，引导学生说出历史上具有责任担当的人物。这种形式体现了学生的主体性，激发学生学习的兴趣。关键是对于初中学段的学生，同伴之间的影响力很大，共同寻找这个主题的历史人物的活动本身就充满了正能量，对学生思想的影响更深远。本案例中就是在初三复习课上以小组合作的方式，调动学生们互相补益，合作中提升对责任担当的理解和体会，丝丝入扣而非刻板地说教，效果良好。

（4）在教学过程中，我们还要注意科学性，必须尊重史实，不能夸大或进行艺术的虚构，应让学生获得真切的感受。同时关注实效性，既要符合教学内容，更要符合学生的切实需求。二者恰当地结合在一起才能收到最好的教育效果。如班级中同学之间关系紧张现象突出时，同学们需要正确的责任引导。教师针对这种情况，就可以引用历史上"管鲍之交"、"负荆请罪"、"桃园结义"等事例加以引导，使学生能从这些形象中得到启示、悟出道理、受到陶冶，纠正自己的偏颇行为，收到责任担当教育的最佳效果。

（作者：珠海市文园中学历史教师 孙宇红）

"扫一屋"与"扫天下"
——生物课堂教学培养学生环境责任担当

一、教学案例

北师大版八年级下《生物》第8单元"生物与环境"第24章"人与环境"第3节"关注城市环境"与第4节"家居环境与健康"。两节课期待学生建构的概念体系为"城市生态与社会环境密切相关，创造良好的社区环境从我做起；家居环境是与人接触密切的生存环境，直接影响人体健康，改善家居环境利于维护人体健康。"鉴于当今社会家庭教育中父母过度保护子女，造成"啃老族"等没有家庭责任担当，拒绝社会担当的现象，我决定将两部分教学内容进行对谐，进行有机整合，意在引导学生将家庭责任感和社会责任感落实到行动中去。

第一课时，首先我用学生最熟悉的内容作为引入，一边是干净、整洁、温暖的家居环境，一边是逼走室友的邋遢宿舍与主人公"习惯了"的漠然表情。学生们在强烈的对比中唏嘘不已，露出不可思议、嫌弃的表情。借此引发学生讨论，两种居住环境的差别的原因。学生们纷纷举手说：宿舍脏乱差，垃圾多、病菌多、空气不好、衣物等物品不整理。主人太懒，没责任心、没公德心。接着，我请能自己主动定期收拾房间并保持整洁的学生举手，从零星举起的手和多数人不好意思的笑容中，学生们明白了父母要自己收拾房间的要求并非多余。从一个社会新闻的讨论中，学生们意识到小时候缺乏自我居住环境责任的意识，将来会给自己带来多大的麻烦。之后我们一同探究家居环境的空气污染源，明白抽油烟机的广告里为什么常用妈妈们深受油烟之苦的镜头，明白在提高厨房通风、提高油烟机性能的同时，还要调整烹饪方式，减少油炸等。还讨论了饲养宠物对家居环境的影响，宠物的保洁工作需要家人共同承担。课后学生们纷纷检查自己的家居环境，还对室内种植植物给出中肯的建议。课后有家长们反馈，孩子长大了，开始关心家里的事了。该课不仅引导学生养成良好的生活习惯，积极参与创建健康的家居环境，还提升了学生自觉维护家居环境的责任感，做到了"扫一屋"。

第二课时的引入，我同样用优美的世界风景和脏乱的景区环境做强烈的视觉冲击。全球各地垃圾堆填区的大量垃圾远远超出学生们的想象。有学生说小区的垃圾房一天不及时清理，垃圾就会堆积如山并散发阵阵恶臭，很难理解怎么会有这么多的垃圾产生。在了解过垃圾堆填、焚烧发电造成空气污染后，学生们都觉得这不是解决大量垃圾的长久之计。接着学生们从比较熟知的家庭垃圾分类处理说起，固体垃圾（各种包装材料、旧的书报、旧衣物、厨余垃圾等）的处理途径、城市污水处理方式与成本都成了课上学生们讨论的热点。再者，结合之前生物课所学，学生意识到作物生长的周期性与农民种植庄稼的不易，看到非洲的孩子们饥饿，看到餐桌上的浪费食物能养活的人口数时，学生们提出"爱惜粮食，从一日三餐做起"。为减少固体垃圾量，学生还提出要将厨余垃圾用容器封存做成有机肥料养植物，另外尽量减少过度包装。历史上"西安"从建都十三朝到最后被后续统治者嫌弃，皆因水资源问题。全球干早，国内人均水资源紧张，学生们深刻地意识到水资源的匮乏将是"用钱都解决不了的问题"，提出减少洗洁精的使用，减少水资源的浪费，家庭用水的多次利用，冲凉也要注意节水等措施。这些通过多年多种渠道宣传的节能方法逐渐在学生的意识中扎根。课程的后半部分，我引导学生们对"城市生态系统的突出特征"、"我国城市生态环境的主要问题"、"珠海生态城市的释义和主要特征"、"空气污染指数"进行探究。学生们更好地认同了珠海生态城市大发展，为自己的城市骄傲自豪。

二、教学感悟

师者，"传道、受业、解惑"。"道"者，《道德经》中指事物的规律，另指教育道德观念。生活在温室中的学生们，在物质上得到满足的同时，需要精神上的富养。利用学生平时能接触的素材及时引导，可以让学生在了解事物发展的规律的同时，拓宽视野，提升格局，养成理性思维习惯。

三、教学反思

《义务教育阶段初中生物新课程标准（2011年版）》指出"生物科学和生物技术在解决人口问题、资源危机、生态环境恶化和生物多样性面临危险等诸多问题方面的作用越来越大，有力地促进了社会文明的发展"。课程"考虑到具有保护环境的意识和行为是九年义务教育重要的内容，结合生物学本身的特点，课程内容突出了人与生物圈的关系"。在生物学教学"授渔与鱼"的同时，应让学生意识到人类只是生态系统一分子，没有人类地球照样转，但人类的过度活动摧毁的是人类唯一的家园，保护环境是全世界都必须坚持的底线。

1. 生物教学中培养学生环境责任担当素养的急迫性

（1）从家庭角度看，从古至今，人们对良好的家居环境的追求从未停止过。良好的家居环境，是孩子们成长过程中非常重要的非生物环境因素。家庭成员有意识地共同创造、维护良好的家居环境，更促进了亲子关系的健康发展，有利于孩子家庭责任感的培养。

（2）从国家角度看，生态环境的可持续发展，是一个国家实力的象征。当初有些城市和农村地区为求发展牺牲生态环境，如今却不断投入更大的成本去挽救环境。而珠海坚持走生态城市、生态农村的发展之路。全市为保护住"蓝天、青山、绿水"坚持了30多年，终于让珠海成为全国最宜居城市。这一来之不易的成果需要年轻一代的环保责任担当，并代代传承。但我们还是经常会发现街头随意丢弃的垃圾，食堂、食肆里大量浪费的粮食，用水时的任性挥霍，过度包装，喜新厌旧。这些成为当代人，尤其是孩子的通病。中产家庭"消费得起"的家庭育儿环境，让孩子在面对浪费或做出破坏环境的行为时，能无动于衷，甚至引以为傲。

（3）从世界角度看，任何资源都是极其宝贵的，尤其是像煤炭、石油、天然气这样的不可再生能源。曾有这样一个故事，在国外的中国人点了过多的食物，造成浪费，中国人以自己消费得起为辩解，对方一句"钱是你的，但资源是世界的"顿时让人脸红。两位不同国度教育培养下的公民，对世界资源的保护意识竟如此不同。因此急需在现行教学中进行纠偏，树立正确的消费观，强化全球环境保护人人有责的意识。

2. 生物教学中培养学生责任担当素养的策略及有效性

（1）对自己的家居环境做出评价，并对存在的问题提出有效的改进措施。提高了学生在家居环境中创建的意识与能力。例如，关爱家人，提醒家人尽量减少旺火爆炒等产生油烟的烹饪方式；做好烹饪时厨房与其他居室的隔断，提高抽油烟机的效果；加强厨房通风。每天注意卧室及时通风透气，确保室内空气清新，提高含氧量，降低二氧化碳含量，平衡湿度，减少病菌传播概率。告知家人远离有毒或芳香气味浓烈的植物，卧室不放置大型绿色植物，或叶面较大的植物，避免缺氧影响睡眠。装修、新添家居，尽量选择无害产品，多通风透气，周围放置能做吸收有害气本用的植物，如虎尾兰、吊兰、绿萝等。宠物容易携带病菌和寄生虫，随时关注宠物的健康，及时清理、清扫，接种疫苗，远离有害宠物。

（2）对自己居住小区环境做出评价，并提出建设性的方案或实施。可以提高学生公共环境的维护意识。例如，垃圾分类并入垃圾屋（桶）。狗狗外出，承担好"铲屎官"的责任。帮助小区做好绿化保护、养护工作。

（3）因势利导引导学生尊重、关爱"城市美容师"——环卫工人。例如，学校的爱心义工团队的多次校内外"清除垃圾"义工活动。又如，2018年珠海农控集团出资将云南怒江滞销的番茄免运费成本价运回。我参加了学校的爱心活动，认购了一箱40斤，周末组织学生们将"爱心番茄"送给沿途的环卫工人们。活动照片就成了我上课的补充材料，学生们听我讲着环卫工人不怕脏、不怕累不停地清洁环境，看到小朋友们不惧恶臭，热情地给清洁垃圾屋的环卫工人递过贴有感谢语的番茄时，眼中满是欣赏。不随手乱丢垃圾（或向车窗外抛物），关爱"城市美容师"，我们作为公民一定要从小养成这些习惯，让这些意识开始悄悄地渗透到学生的心中。

总而言之，当今社会的家庭教育往往关注了孩子物质上的富养，觉得孩子永远长不大，永远需要大人保护，社会责任不该自家孩子承担。社会教育与学校教育就需要在这方面好好地补上这块短板。这样就不会有"我不丢垃圾，环卫工人就下岗"、"我给了钱，想怎么浪费都是我自己事"这些幼稚、荒谬想法的产生。孩子只有精神上的富养，将来才能成为一名具有家庭、社会责任感的人。

（作者：珠海市文园中学生物教师　林艳）

浅谈初中体育课学生责任感的培养

责任心，是指一个人对自己和他人、对家庭和集体、对国家和社会所担负责任的认识、情感和信念，以及与之相应的自觉态度。它是一个人应该具备的基本素养，是健全人格的基础，离开了责任心，自尊心、自信心、进取心、事业心、爱心、孝心等都将无从谈起，因此责任心的培养对于一个人、一个集体乃至一个国家都是至关重要的。责任是一种能力，是一种精神，更是一种品格。责任无处不在，存在于每一个角色。

责任是道德的核心，是人类基础道德最本质的东西。目前社会现实中，初中生的责任意识比较薄弱，这是一个不容忽视的问题。体育课作为贯穿学生整个学习生涯的一门学科，理当与其他学科一起担负起培养学生责任心这一重任。体育课上如何有效培养学生的责任心呢?我认为可以从以下几个方面入手。

一、重视体育课堂常规，培养学生对自己的责任心

实施课堂常规，不仅有助于建立正常的教学秩序、严密的课堂组织，而且对加强学生的思想品德教育、培养学生良好的行为习惯、培养学生良好的组织

纪律性都有十分重要的作用。我们可以在课堂常规的实施过程中对学生进行责任心的培养，如严格要求学生的着装，让学生认识到合适的着装更加有利于他们学技术、做动作、赢比赛；严格要求准备活动和课后放松，避免运动损伤；不准携带小刀、钥匙等硬物，防止在运动中造成身体上的伤害。

二、切实做好保护帮助，培养学生对他人的责任心

保护与帮助是体育教学的重要内容之一，但是很多时候，保护帮助容易浮于形式，不能落到实处，从而失去其真正的作用和意义。这主要是因为学生对保护帮助的认识和重视程度不够，而学生的认识主要取决于教师。如果教师在进行保护帮助教学时态度非常认真，练习过程中反复强调，学生自然而然会重视这一环节。所以我们在保护帮助教学中不仅要做好其本身的讲解、示范，还要让学生知道保护帮助对同伴的重要性，保护帮助不到位可能带来的严重后果，从而树立其责任意识，培养学生对他人的责任心。

三、树立团队意识，培养学生对集体的责任心

体育游戏是体育课常用的练习方法，是学生非常喜欢的运动项目之一，它是一种对社会活动的模仿，因而也就能起到很好的集体意识教育效果。学生可以在可行的范围内自己创编体育游戏，使课堂充满公平竞争、冒险获胜的气氛。生动活泼的课堂气氛，会使学生处于兴奋状态，更容易接受新知识，并能够记忆深刻长久。游戏中体育教师有意识地培养学生团结协作、为了集体的荣誉而努力拼搏的精神，往往能产生意想不到的效果。

记得刚入职的时候，初一（24）班是我所教班级中纪律最差的一个班。开学初的前两周里，每次一到他们班的体育课我就会感到头大。学生们上课讲闲话，不听从老师的指挥。我觉得总是这样也不是办法，必须帮学生改变这种纪律差的局面。从第三周的体育课开始，初一（24）班的每节体育课，我都先进行10分钟的"思想政治教育"，告诉学生应该怎样做一个合格的中学生，应该怎么遵守课堂纪律。试行一周后，一部分学生已经开始知道体育课的要求了，开始慢慢地有所收敛，但是还是有些学生不能克制住自己，总会不自觉地接老师的话，或者顺口说出一些脏话，虽然没有恶意，但是也很刺耳。于是我针对这件事定了一个新规矩，上课不许说任何脏话。学生们开始慢慢了解，说脏后

并不能代表自己多帅气，反而是违反课堂规定的，慢慢就开始克制自己。偶尔还有学生会不小心说出来一句，全班同学都会对他嗤之以鼻。我觉得学生们已经能形成一个良好的班级体育课氛围了，就开始慢慢减少课前的思想政治教育时间了。没想到我还是低估了学生，我松了一尺，他们进了一丈。课堂上又开始出现调皮的学生趁着我讲新内容的时间说话打闹。于是我开始动用班干部来帮助我维持纪律，要求每个班干部都尽到自己的责任，每节课管好班级纪律。这样一周下来，课堂纪律是好了很多，但是很多班干部竟然养成了上课只去盯着别人的小动作而忽视了听课的习惯。

怎么办呢？如果不从根本上改变的话，我的课永远进行不下去了。很感谢接下来的一节课，帮我改变了整个班级的课堂纪律。那天学生照例做课前准备活动，几个班干部因为管理纪律在队伍中与学生争吵起来。我走过去以后，班干部以管理纪律为理由还是在吵。我想，时机到了。我告诉学生："如果你想管好别人的话，首先要管好自己，如果我们的纪律因为你们的管理而变得更混乱，那我们的管理还能不能真正起到作用呢？"班干部们不说话了，"既然同学们相信我们，推选出我们来做班干部，那么我们应该以什么样的态度来做这件事呢？同学们的这份信任来之不易，我们应该怎么办呢？"全班同学都不说话了。

接下来我让学生们做了个信任与责任的游戏"勇敢者"。让学生四个一组，其中一个人背对其他学生往后倒，另外三个人在后面把他接住。我把接住同学的技巧、技术要领以及重要性向学生阐述清楚。学生开始觉得很简单，四个人一组分好了以后，第一个先往后倒的人选不出来了，因为谁都不愿意做第一个人。我想这个时候正是帮助班干部树立威信的时候。"每组的班干部要起到带头作用，"我说，"关键时候还是班干部要带起头来，先给咱们同学来做这个示范。"其实刚才有些班干部已经要先做示范了，只是有些学生还是没有习惯展示，不习惯先表现。现在我这么一说，不管男生组还是女生组的班干部都率先站了出来。游戏开始了，每个学生都试着向后倒了一次，我能听见学生向后倒下后很享受的哈哈声。也有些学生在倒的时候还是有些犹豫，但是在同组同学的再三鼓励下还是大胆地向后倒了下去。虽然这个游戏很简单，甚至不用什么器材，也不用很大的场地，但是我看得出，学生已经从开始的不屑于参与，到现在的不断尝试，玩得不亦乐乎。十分钟后，我把大家集中起来，让每个人都谈谈自己的感受。其中一个上课最调皮的学生像做广告似的说："老师，我开始的时候还很害怕，后来一想反正后面有人接住我，我就抱着试试看的态度倒下去了，哎，倒了一看，没问题啊！哈哈！于是我就接着又倒了几次，嘿嘿，还真挺有意思。"

听见他这么一说，我觉得效果达到了，接着问：

"如果他们没有接住你呢？"

"他们不接我？他们敢！我，我揍他们！"

"说什么呢？！"

"嘿嘿，老师，我开玩笑呢，不接我，我肯定不能往后倒啊！"

"对，如果你知道他们不会接你，或者你不相信他们会接住你，你就不会往后倒，但是，刚才，我们同学都大胆地往后倒下去了，说明什么？说明我们的信任关系很可靠，说明我们之间互相信任，负责接住的同学责任也很明确。"

"哦！"

"但是，如果你现在往后倒的时候我告诉你我不会接你，或者你知道我虽然站在后面，却不敢相信我会接住你，你还敢往后倒吗？"

看着学生们狐疑的神态，我接着说："我们现在想想，如果我们的班集体失去了这种信任与责任，互相之间都没有了信任的感情和责任的依托，那么我们所有的工作是不是都没法开展了呢？"有些学生开始窃窃私语。我接着说："刚才我们的游戏叫勇敢者，每个同学也都做了一次光荣的勇敢者，现在老师想让你想想，你的勇敢源自哪里？"

"老师，我一直很勇敢！"

"老师，我还是害怕，是我们组的同学鼓励我，我才敢的。"

"老师，反正我知道后面有人接我，这有什么好害怕的。"

"对，我请同学们仔细想想，你们的勇敢，是不是源自你们对身后同组同学的信任呢？"

学生们现在的表情是若有所思或恍然大悟，我觉得时机又到了。接着说："老师现在给你们时间考虑一下，我们的信任该如何建立，又该如何保持。如何让别人能永远像今天这么信任你，我们的责任又在哪里。今天体育课我要布置一个作业，每个人回去就今天的内容写一篇日记，明天上课交给我，不限字数，只要是你的感受，只要是你的想法，写多少，怎么写都可以。"接下来我让学生玩了个游戏——迎面的接力，也是团队的配合，学生们玩得很高兴，下课的时候好多学生表现出意犹未尽的样子。我觉得很成功，但是不知道布置的作业能不能顺利地收回来。

第二天他们班又有一节体育课，让我意外的是，学生们纷纷拿着自己的日记交给了我，那个最调皮的学生还是没有交，但是自己主动过来跟我表示，明天会交给我。我说："好，我相信你，我们之间的信任现在还没有被打破，明天我会等着你的。"回到办公室拿出收上的日记来一看，我很感动，没想到一直以来我认为调皮的那些学生都是文采那么好的学生，难道他们真的是如一些教师说的那样只是希望老师多关照他们一些才故意在课堂上表现出调皮的样子？第二天，那个最调皮的学生把他的日记交给了我，他是全班写得最多的一个，写得很认真，并且跟我在日记里表了态："老师，我会认真地上好您的体育课，我也有责任督促其他同学认真听课，请您相信我。"

看完学生的这些日记，我知道，虽然其中有些学生是在应付这份作业，但是大部分学生还是在认真地总结自己这一节课的想法。有个学生在日记里写道："原以为体育课只是活动活动身体，跑跑圈，跳跳绳，踢踢球什么的，没想到我们的体育老师还给我们上了一堂关于信任与责任的思想政治课，这节体育课虽然没有很激烈的活动，但是我觉得学到了很多东西。"我很感动，也意识到，自己之前的课前"思想政治教育"内容真是片面了，也明白了自己的责任有多大。要真正地在体育课堂上实现三维目标的教学，达到情感教育目标，不能仅仅停留在口头说教上，还要真正地在课堂上用合适的方法来让学生感受到、体会到。这节意外的"思想政治课"改变了我对自己今后体育教学的设计思路，也改变了我对这个班学生的看法。我知道学生并不是故意地要破坏课堂纪律，他们需要我的引导，需要我带领他们去体会成功，去学会成长。

责任心是做人成才的基础，责任心的培养是学校教育中不容忽视的工作，体育教师应该增强这方面认识，多做有心人，利用好体育课堂这一阵地，将责任心的培养渗透到教育教学过程中，教会学生对自己负责、对他人负责、对集体负责、对社会负责。

（作者：珠海市文园中学体育教师　刘东亮）

我的课堂我做主

——初中数学教学中培养学生责任担当素养的案例

新的课程改革着重强调教师的主导作用和学生的主体地位。学生的主体地位，重点强调发挥学生的主观能动性、促进发展的过程。学习主体的主动努力程度往往决定其学习的效果。学生学习的主体性一般包括以下几个方面的内涵：自主性、独特性、能动性和创造性。教师在教育过程中，不仅要注重学生的主体性，还要充分发挥教师的主导作用，教师的主导作用主要表现在教师在教学活动中所表现的三个角色：指导者、组织者、激励者。基于此，在教学过程中，教师要根据学生认知发展的实际情况，及时调整课堂进度和内容，给予学生充分地思考和交流的时间，体现学生的主体性。同时，教师要高度关注学生的思维发展状态，及时给予有针对性地、适当地引导，从而使学生逐步形成善于思考、勇于创新、敢于担当、攻坚克难的学习品质。下面是袁素教师上的一节"分式"习题课，感触颇深，因此写下拙文，和大家一起分享和探讨。

在人教版八年级下册的"分式"章节学完之后，我们班级进行了一次章节测试。批改完试卷之后，我在里面挑了几道学生出错比较多的题目进行讲解。其中有一道填空题是这样的。

已知a、b满足ab=1，那么 $\dfrac{1}{a^2+1} + \dfrac{1}{b^2+1} = $ _____；

记得原来每届带初二的学生时，都会碰到这种类似的题目，但是都是我讲了一种方法之后，就将它一带而过，从来没有引起我的注意，没想到这次它却"大放异彩"。

这是星期三下午的第一节课。学生都是刚睡午觉起来，精神状态不是很好。考虑到听课效率的问题，决定让学生来讲解这几道题，我只从旁边做适当

地提示。对于这道题，我早已想好了方法：将 $ab=1$ 变形成 $a=\dfrac{1}{b}$，再代入所求的

式子，经过分式的性质进行变形，计算，最后可以得到正确答案。因为是试卷当中的题目，学生已经有过思考的时间，会做的已也有了自己的方法，不会做的也找不到方向了。给出题目后，我直接问："谁来与大家一起分享自己的方法？"这时候下面就有一些学生举手了，我环视了一下，基本上是数学成绩比较好的一些学生。这时候，我看到了第八组角落里的小谢同学举手了。他平时不爱举手，性格有点内向。看到他举手，我很意外甚至有些惊喜。考虑到他难得举手，我是非常珍惜他这次举手机会的，我点了他的名来讲解。刚站起来可能有点紧张，他面红耳赤，我用微笑给予他鼓励，学生们用掌声给他支持。这时候他走到讲台上，边说边写："我是将 $ab=1$ 变形成 $a=\dfrac{1}{b}$，再将 $a=\dfrac{1}{b}$ 代入所求

式子得 $\dfrac{1}{a^2+1}+\dfrac{1}{b^2+1}=\dfrac{1}{\frac{1}{b^2}+1}+\dfrac{1}{b^2+1}=\dfrac{b^2}{b^2+1}+\dfrac{1}{b^2+1}=1$。"这个方法和我预想的

解法一样，常规思想，不过能做出来很不容易。一阵掌声响起，说明大家认同了他的方法。

"我还有一种方法。"一个清脆的女声，是班长小陈同学。我立刻请她上来。她边讲边写："我是直接将 $ab=1$ 代入所求的式子得 $\dfrac{1}{a^2+1}+\dfrac{1}{b^2+1}=\dfrac{ab}{a^2+ab}+$

$\dfrac{ab}{b^2+ab}=\dfrac{b}{a+b}+\dfrac{a}{a+b}=1$。"

嘿，干脆利落，简单明了，我不禁暗暗叫绝，大家连声称赞："这个方法非常好。"

经过这两位学生的"爆炒"，大家开始"头脑发热"，第三个学生腾地站起来，"我也有一种方法。"说话的是平时爱思考问题的小倪同学。听到前两个同学的妙答，他也忍不住了，"我是直接将要求的分式进行通分，得 $\dfrac{1}{a^2+1}+$

$\dfrac{1}{b^2+1}=\dfrac{b^2+1}{(a^2+1)\,(b^2+1)}+\dfrac{a^2+1}{(a^2+1)\,(b^2+1)}=\dfrac{a^2+b^2+2}{a^2b^2+a^2+1+b^2}=\dfrac{a^2+b^2+2}{1+a^2+1+b^2}=1$。"

学生们看到这一复杂的式子，有点茫然，于是我首先肯定了他的做法，然

后解释这个方法："分母不相同的分式相加减，先通分，小倪同学将分式通分之后计算，再将分母利用多项式乘以多项式法则展开，巧妙地运用了ab=1，则（ab）²=1，即$a^2b^2=1$，代入求得。"学生们豁然开朗，掌声随即响起来，由衷地佩服小倪同学，真不愧是他们的数学课代表。

"老师，我还有一种方法。"

此时，时间已经过去了半节课，按计划还有三道题要分析。可是这阵势、这气氛，这高高举起的一双双小手……我猛然意识到：打乱计划算什么，且让孩子们信马由缰，他们做得多好啊！这不正是培养学生勇于探索、敢于担当的好时机吗？

刚才说话的是小朱同学，于是小朱同学上来了。"我是根据小倪的方法想到的，利用分式的基本性质（分式的分子、分母同时乘以一个不为0的数或式子，分式的值不变。）将$\frac{1}{a^2+1}$的分子、分母同乘以b^2，后面那个分式不变，这样就得$\frac{1}{a^2+1}+\frac{1}{b^2+1}=\frac{b^2}{b^2(a^2+1)}+\frac{1}{b^2+1}=\frac{b^2}{a^2b^2+b^2}+\frac{1}{b^2+1}=\frac{b^2}{1+b^2}+\frac{1}{b^2+1}=1$。"

"真聪明！"我不禁赞叹，虽然小朱同学的方法是根据前面同学的方法想来的，但是两者的思路还是截然不同的，小倪同学的是先通分，再整体代换，而小朱的方法则是看到前后两个式子之间的联系，这种眼光很令人赞赏，这需要平时扎实的基本功以及自我钻研精神才能达到的。也许她自己根本没有意识到。对于我，却像喝了杯醇酒一般，又醉了几分；对于学生，又推开了一扇窗——我看到学生频频点头。

"还有吗？"我又问，学生面面相觑。

"我还有。"说话的是小林同学，平时很喜欢钻研问题。

"这道题是一道填空题，已知条件当中a、b满足ab=1，那么可以取特殊值，就将a=1，b=1代入所求式子得$\frac{1}{a^2+1}+\frac{1}{b^2+1}=1$。"

小林同学讲完了，下面学生议论纷纷。

"方法是很好，不知道可不可以这样做？"

这时候，我肯定了小林同学的方法："这种取特殊值的方法，对于填空题和选择题是非常好的一种方法，能够既快又准确地得出正确答案，这个也是我们做填空选择题的一种技巧。"学生们听我这样说，都把佩服的眼光投给了小林同学。接着，我又说："不过，如果这是一道解答题，就不能直接用取特殊值的方法。"大家都点点头。

看来是"山穷水尽"了，已经够丰富了，数一数，已经有5种方法，我事先可没想到这么多，我已经很满足了。看看时间，离下课还有七八分钟，总结一下，可以收场了。

"老师，这道题稍微改一下，答案也不变。"

哦？这个我倒没有想到，我循声望去，是小胡同学，爱动脑筋的姑娘。学生们的兴趣又被她调动起来了，"题目的已知条件不变，仍然是a、b满足 $ab=1$，则 $\dfrac{1}{a+1}+\dfrac{1}{b+1}=$ _____"小胡同学说完之后，学生们陷入思考当中，很快就有学生肯定了她的想法，掌声如潮，不仅仅解决了课堂中的问题，并能将问题进行拓展和迁移，真是一个爱动脑筋的孩子。

"老师，我觉得还可以这样改。"一个大嗓门响起来了，是小曹同学，平时很调皮的一个男生，不过很爱动脑筋。"已知条件不变，求 $\dfrac{1}{a+1}+\dfrac{1}{b+1}$ 的值，答案和方法和上面还是一样的。"学生们很快就验证了他的说法，将掌声送给了他。

5种方法，2个拓展！

整整一节课，只解决了一个问题，何其少矣！可仔细一想，这节课的收获又何其大也！孩子们是这样乐于探讨数学问题，这样痴迷在他们的数学世界里，这样勇敢而大胆地表述他们的思维结果，这样真诚地为同伴的聪颖而赞叹。这是一种多么可贵的气氛！其意义又何止解这一道题！

我归纳了学生们的5种解题方法和2个拓展，比较了他们各自方法的异同，并鼓励他们：对待问题就是要像这样寻找多种方法，并将之进行拓展和迁移，将这一类型的问题进行总结。我向同学们坦言：我一个人想不出这么多方法。三个臭皮匠，顶个诸葛亮，集思广益，孩子们的思维得到了进一步提高。今天的课后作业就是将他们的方法进行归纳，写在家庭作业本上，并且将后面两个同学的拓展完成。

第二天，我收到了59个学生叙述完整的一题多解和一题多变。

这一节课，孩子们用他们的智慧构造了一个美丽的数学殿堂。所有的思考都出自他们自己的大脑；所有的意料之外都令人拍案叫绝！孩子们用他们强烈的探索欲望，给我这个老师上了一节生动的课！我们相互都是对方的老师！

感悟：不可小看我们的学生，特别是这些在新课程改革的全新理念下熏陶出来的充满探索精神和活跃思维的学生。他们已经一改以往学生那种死气沉沉的感觉，他们的活力挑战着老师的"权威"；他们对数学的感悟已经不仅限于课堂；他们身上充盈着"不安分"的细胞；他们头脑中跳动着的聪颖和睿智，会在任何一个你不经意的时刻，猝不及防地跃然而出，令你惊喜之余，欣然喟叹！在整个课堂中，学生们对新知识的探索精神，对身为课堂主人翁的责任担当，积极思考问题的态度，都是令我们惊叹的！同时，教师在课堂上的引导，适度的点评，是激起学生进一步探索知识的"原石"，这对培养学生的学习自主性和责任感是多么可贵！在时代的变革中，我们不缺认真听话的孩子，但是我们缺少勇于创新、敢于承担自己责任的孩子，在平时的课堂教学中，我们可以更多地给孩子机会。在课堂中，勇于创新，勇于担当，做一个有责任担当的中国人！

（作者：珠海市文园中学数学教师　袁素）

数学"冲锋队"
——谈数学培优课程中培育学生的责任担当素养

所谓学优生就是指智力上乘、习惯优良、成绩优异的学生群体。他们积极主动、乐观上进、充满正能量，是当之无愧的学习尖兵。"火车跑得快，全凭车头带"，在数学教学中如何发挥学优生的作用至关重要。一支思想过硬、作风优良的"冲锋队"应运而生。

一、组建

大考小测，无论考题难易，能得满分的学生都具备"冲锋队员"的潜质。

招募"冲锋队员"既要立足于平时教学，又兼顾广泛激励的原则；既要宽进，又能严出，优中选优。单元检测、期中考试、期末测评中只要有二次以上满分即可成为正式的"冲锋队员"，一个学期下来两个教学班一支8～10人的"冲锋队"组建成功！

二、明责

组建数学"冲锋队"究竟要干什么呢？第一要完成队伍的思想建设，就是要明确目的，我们就是一支作风优良、敢打硬仗、勇于胜利、冲向顶峰的队伍。第二要分工合作，就是明确工作部署。

我们的目标永远是满分！建立数学学习微信交流群，将课堂学习无限延伸；共享最新资源、最优解题方案；开展网络自由对话，及时解疑释难。个人要勇争学科"尖兵"，班集体要扩大优秀群体，在各个教学环节中发挥更加积极的作用。如冲锋队检查预习认真负责，游刃有余；冲锋队布置作业贴近群众，恰到好处……

三、落实

1. 用学优生的好习惯影响全班

在课前准备环节要求学生台面只有待检的数学书及学习用具，两个班的学生们早已心领神会，整齐一致。

2. 用冲锋的精神引领全班

"冲锋队"首先是先锋队，按规定时间完成任务是必需的，超前学习也是可以的，默许"冲锋队员"可以"偷"试卷做，有意培养他们的数学优越感。例如，周末作业冲锋队员要提前提交，教师批改后再优中选优，发到智慧校园班级圈作为标准答案呈现给所有的学生。实践证明，他们用心学习、努力学习精神空前高涨。

3. 用学生的讲解贴近学生

在测试讲评环节，激励"冲锋队员"认领认讲，就是任选一道心仪的试题给全班同学讲解。看是台上几分钟，台下需要下多大的功夫啊！这种现象已蔚然成风，反响热烈，效果明显！既极大地调动了队员的积极性，又在讲解试题中得到锻炼，还在班级中树立了威信，一举多得。

4. 特殊情况下客串老师

充满激情，有行动力、感染力、影响力的"冲锋队员"早已在学生心目中落地生根，数学自习课的时候班级秩序井然；有疑问的时候，每一个"冲锋队员"都是同学们身边的小老师！

在数学"冲锋队"的带动下，越来越多的学生成为学习先锋，在优生的引领下，班级数学教学越来越容易。作为任课教师在面对班级数学教学时我们感觉轻松许多……

（作者：珠海市文园中学数学教师　杨海东）

基于心理健康教育下的责任担当素养培育

一、提出问题

责任担当是中国学生发展六大核心素养之一，是学生终身发展的必备品质和素养。未来社会形态不是以个人竞争为主流，而是以合作共享为主流，这就更要求团队中每一位成员具有较强的责任意识与担当精神。教育的根本目的是"立德树人"。每一位教育工作者如何在日常教育教学中，帮助学生树立责任意识，学会担当，敢于担当，怀抱理想，感恩尽责？蔡映红教师认为素养的培养必须以学生良好的心理素质为中介，找准切入口，这样会更贴近学生的心，更能有效培育学生的责任担当素养。

二、个案回放

为更好促进思想、学业后进学生的转化，珠海市文园学校从创校之初就开始启动"德育导师"机制，每位任课教师专职做一名班级中思想问题较大或学业成绩落后的学生的导师——既能让这些学生感受到老师更多的关爱与跟踪，又分解了班主任转化后进生的压力。文××读初三的这一年，我是他的导师。

记得班主任把他分配给我的时候，问要不要让文××来找我谈一谈。我想了想，认为并不好。这样做，文××会觉得别扭，自然就会产生一种抵触情绪，不利于辅导工作的开展。翻阅他过去的记录：不喜欢说话，上课睡觉、不做作业、迟到、早退、旷课是常有的事，还与同学打架，更有打老师的行为。

是什么原因导致他变成这样？带着这个困惑，我悄悄地进行了一次家访。了解到他的亲生母亲在他很小的时候就过世了，小学的时候他还能认真学习，成绩也不错，但自从他爸爸再婚后，他就开始变得不愿说话了，在课堂上的厌学情绪越来越严重，再加上六年级时有一次和老师起冲突后，整个人就变了。上初中后，班主任多次与他谈话，他总觉得自己已经努力了，其实内心对学习的态度还有较大的偏差，而自己又不正视这些问题的存在。由于其不爱说话，造成与同学关系冷淡。

明白了症结所在，可是如何进行疏导与沟通呢？这使我大伤脑筋，所以我也迟迟不跟他开口表明导师身份。

一次课堂上的突发事件为我们之间的沟通搭起桥梁。那节数学课采用小组合作的形式进行学习。学生在"移台重组"的过程中，他的凳子不见了，因此他就一直站着不坐下。而我在讲台上，视线刚好被挡住，看不到这一情形。

"快坐下，要学习了。"

"我的凳子不见了。"他不耐烦地说。

"噢，我们初三的学生已经是小大人了，要开始尝试处理突发事件，文××，你看，班上的讲台前一直就放着一张凳子，刚刚你发现凳子不见时，如果上来拿，不就不用站这么久了吗？"我边说边拿起凳子向他走去。

"我不是说了我的凳子不见了吗？"他大发雷霆。一把抢过我手中的凳子坐下，趴在桌子上。

我感到莫名其妙，全班学生都很惊愕，不知他为什么大发雷霆。有的学生甚至低声说："发神经！"大家望着我，等着看老师如何处理这种嚣张、极不尊重老师的情况。

我知道如果这时候严肃处理，以后会很难开展转化工作，赶紧说："对不起，老师的意思可能没表达清楚，我没有一点责备文××的意思，我只希望我的学生在面对突发事件时能静下心来好好展示自己的能力。你们理解吗？"

"理解。"其他学生大声说。

文××仍旧一动不动地趴在桌子上。我想他可能正处于不知如何是好的心境。我想把他的问题暂且放一边，让他的心静一静："大家帮老师想想，昨天我们学会了什么？"我转移大家的注意力，先上好课。

下课后，我叫他出来。

"老师不会说话，不知道哪里说错了，让你误以为是批评你。可老师已经立即道歉了，又解释清楚，其他同学都明白老师意思了，你这么聪明，一定也明白老师心意的，是不是？"

他点点头。

"能告诉我哪句话让你不高兴吗？"

"我告诉你凳子不见了，可你还说我没处理。"

"噢，这就是你的应急处理方式。"

他有些不好意思地点点头。

"很好，假如看到打架之类的违纪伤害行为，一定要第一时间告诉老师，老师来处理会比你们自己处理更有效。但是，你也要给自己一些信心，尝试处理一些没有伤害性的突发事件，你会发现你会做得比老师更棒。但首要前提是，你要肯给自己机会。"

"老师，我当时没想那么多。"

"如果有下次，老师希望能看到你很棒的一面。现在，我想请教一个问题，如果当时我先拿凳子给你，再提醒大家要加强应急能力，你还会不会生气？"

"不会。"他认真地思考了一会，很肯定地回答。

"谢谢你帮老师找出缺点，瞧，一句话，先说和后说的效果原来相差这么多。下次我会注意语言的表达。如果又说错了，你要告诉我。"

当天晚上，我收到了一封他悄悄送来的信："老师，谢谢你今天没有批评我，你和我以前的老师不同，你会听我说，不冤枉人。我也要像您一样，好好面对缺点，努力改正。"

我立即回了封信："这件事中，由于老师语言表述的问题造成你的误解，这个责任我担了，感谢你的理解。老师从这件事中深深体会到语言表达的重要性，我会加强学习的。老师也看到了你对自己的责任担当与自我要求，期待你的进步。"

第二天，在课堂上，文××就像信里所说的一样开始认真对待学习了，还举手发言。我好好地表扬了他一番，并趁热打铁说："文××，老师想请你帮个忙，今天学校要求这两天内每个老师都要选一位学生结伴成长，让学生与老师一起互相改正缺点，共同进步。我第一个就想到你，因为你当老师是朋友。"文××爽快地答应了。我就这样成功启动了导师工作。

在接下来一年的跟踪辅导过程中，我针对其责任担当、集体观念、学习态度等方面开展工作，有的放矢地对文××加以正确引导、扶持、帮助和教育，有计划、有步骤地进行系统的心理健康教育。我在他想表现自己，试图改变而又缺少能力时，给予他帮助，尤其是在心理的认识和爱护方面，给予他需要得到的指点，使文××能掌握有关心理健康知识，培养自我心理调节能力，使其具有正确处理好学习、生活、人际关系等方面的心理矛盾和问题的能力。

文××在这一年中，尊重师长，关心集体，能对同学伸出援助之手，按时完成作业，学业在班级排名进步19名，没有打架行为，没有早退、旷课现象，杜绝迟到现象。虽然仍时不时会犯一些小错误，但他已经开始学会对自己的人生负责，成为一个有担当的男孩。

三、个人感悟

责任担当是我们每一个公民应该做且必须做到的事，只有每一个人都勇于承担自己的责任，我们的祖国才会变得更加美好！培育孩子的责任担当意识，才能更有效地促进其发自内心地学习，才能为复兴中国梦出一份力。我愿在日常的教育教学中，给学生多一点呵护，多一点宽容，多一分热情，在理论和实践中不断探索，为培育学生核心素养做出应有的贡献。

（作者：东莞市长安实验中学数学教师　蔡映红）

我的球队我担当

——珠海市文园中学培育足球队员责任担当素养的教育案例

"体育一道，配德育与智育，而德智皆寄予体。无体是无德知也。"我们已故的毛泽东主席在《体育之研究》中道出了体育不单单是强身健体的一种工具，更是发展一个人德智的重要途径。

足球看似是一项自由的运动，实则有着严格的规则，看似一个整体，实则责任落到每一人、每一个位置二。珠海市文园中学男子足球队组建于2015年9月，全队通过两年的不懈努力，在2017年12月问鼎珠海市中学生足球锦标赛冠军。两年之间让我从一名刚刚跨入教师队伍的新兵、一名运动员变成了教练。在带队的过程中，我真正地领悟到带好一支队伍的真谛：管理球队永远比训练重要。下面就说说有关队长的故事。

一支球队的队长在队伍中有着重要的作用。他既是这个队伍的灵魂，又是这个队伍的精神领袖。队长可以不是球技最出色的，但一定是大局观最强的，在队伍里最有责任心的。

一、人物写真

小蔡同学，2002年出生，现就读于珠海市文园中学初三年级，小学五年级离开珠海，在清远恒大足校就读两年后，于2017年回到珠海。

二、事件

2017年3月1日，新学伊始，几个初一年级足球队的孩子迫不及待地来到我的办公室，兴高采烈地询问这学期足球队安排与训练时间。于是我利用大课间时段给球队开了一次短会。会后，初一年级队长小胡同学对我说："这个学期初二年级小蔡回来了，曾经跟我们一个小学的，五年级毕业后去了恒大足校，要不要拉他来训练。"我说，当然好啊，通知他放学后有时间就过来吧。当天下午，我们按照以往做着体能恢复性的训练，从校门处走过来一个很精干、皮肤黑黑的男孩子。几个初一年级的孩子在喊着："喔，昊哥来了！"我当时心想，呼声很高啊，应该不错。换好装备后，我让他们踢了15分钟比赛。确实，小蔡基本功扎实，在场上有一定阅读比赛的能力，有一定的大局观。或许，我想要的队长人选出现了。

但是，随着更深一步的观察，他逐渐出现了埋怨队友（喂，你怎么这么差啊）、在队内嚣张跋扈（你这样就不要踢了，下去吧）、不收器材等一系列"专业队"的作风。作为专业队出身的我来说，这种情景再熟悉不过了。大队员命令小队员收器材、捡球是正常的事情，球技好的就可以随随便便埋怨球技不是很好的队友。小蔡，确实比较适合做球队的队长，但是，责任心是一个队长最需要的。这份责任、这份担当，将成为球队今后发展的风向标。

2017年3月8日，这天的训练课我特意安排了很大的强度。快结束的时候，我说："今天，所有器材都由小蔡一个人收，大家可以先回家了。"我的话说完后，小蔡用惊讶的目光望着我，我用很坚毅的眼神示意他，"没错，就是你"。

所有的器材他收了近1个小时。收完后，很不耐烦地质问我："凭什么，就我一个人收。"当他说出这句话时，我是很欣赏他的，因为他具备那种足球队员特有的气质，就像里皮曾经说过："不敢质疑我的队员，不是优秀的。因为，他没有在思考。"我问他："你还有力气吗？""当然有！"很自信地回复我。"那我们来斗牛（1VS1）。"我以10：2赢了他，他坐在一旁闷不吭声。我心平气和地对他说："对于你的队友来说，你确实很优秀，那是因为你接受过专业的训练，可是对于我来说，你还远远不够。这几天在训练中，队友失误了，你总是在埋怨而不是在鼓励，甚至出现谩骂；训练结束后，你把球踢得很远，让别人去给你捡，大家一起收器材，你总是第一个换好衣服跑掉，没有谁规定你可以这样做。作为学长，你更应该展现出你责任担当的一面，你这样的表现今后怎么可能成为球队的队长呢！"

小蔡夹杂着抽泣沙哑的声音对我说："教练，我在足校的时候就是这样被别人指使来指使去的，其实我的球技比他们都要好，我身边的队友都去了梯队，只有我还留在少年队，最后一次外教来选人，我前一天晚上洗澡摔倒，第二天不能走路，然后我爸爸就把我领回来了，我不甘心！"听完这番话后我内心揪了一下，然后对他说："天将降大任于斯人也，必先苦其心志，劳其筋骨，饿其体肤，空乏其身，行拂乱其所为也，所以动心忍性，增益其所不能。""嗯，这个我学过。""回来也不是坏事呀，通过校园也可以很好地发展你的足球才能呀。但是，你要知道，对于你现在的队友，他们已经是这个学校最好的了，谁上场都不想输，都想踢好自己的位置，但是你要给他们时间，对于接受过专业训练的你来说，教会他们怎样去踢是不是比埋怨更有用？训练结束后大家一起欢声笑语地收器材是不是更快？你现在这样，学弟们都很怕你，在场上就更容易犯错误，那么这个队整体进步就会很慢，这样出去比赛就像一盘散沙一样。"这天对他说完这番话后，他只回了我四个字"我知道了"，在夜幕下，转身离开了。

2017年4月2日，开学第二周，下午阳光明媚，微风和煦，我从楼上走下来，隐隐地看见操场上一个熟悉的身影：那是小蔡同学在摆放训练器材。全员到齐后，小蔡同学上前对所有人说："对于我上一周在训练中的表现，我向大家道歉，今后希望我们一起努力，共同承担起这个队伍，我们有责任为这个队伍付出一切！"对于这样一个年龄的孩子能有这样的表现我很吃惊，也很开心。队长就是这样的，拥有一颗包容的心，拥有极强大的责任心，可以为了队伍倾其所有。

这天训练结束后，小蔡同学对我说："谢谢您，让我重新认识了足球，让我知道何为队长，什么是责任与担当。这远远比球技更重要，我之前的做法真的错了，今后请您继续监督我，我会带领好这支队伍。"这天过后，每天的训练都井井有条，小蔡同学将每天的值日表排好，训练中时常鼓励队友，提醒队友训练时注意力要集中，有受伤的队友他会嘘寒问暖，逐渐赢得了所有人的心，大家愿意将队长袖标交给他。

两年的时间，这只是一个缩影，拿到冠军的那一刻所有孩子都说，足球看似一个整体，但是分工明确，只有将场上自己的位置担当起来，勇敢地去对抗，这才是一个强大的队伍。只有我们的目标一致，才能有今天的冠军。

三、写在最后

蔡元培说："完美人格首在体育，运动不是别的，只是灵魂的操练。"

足球，培养学生遵守规则的意识，规则就像镣铐，比赛就是带着镣铐跳舞，谁越能适应镣铐，他越能舞出精彩。

校园足球的真正意义不是为了让我们一线教师、教练输送多少专业球员去专业队，而是希望通过足球培养学生今后踏入社会要遵守一切"游戏"规则的规范意识；培养学生在今后从事任何职业所必备的责任心和担当意识。校园足球绝不仅仅是训练足球技能，提高身体素质这么简单。作为教师兼教练，应该善于挖掘训练过程中蕴含的育人契机，使队员通过足球拥有健康的体魄的同时，懂得同他人沟通、合作，在关键时刻能够沉着、冷静，拥有强大的决策能力。

作为一支球队的教练，训练方法固然重要，但是管理整支球队更是重中之重，管理中渗透责任担当素养的培育是必经之路。学生球队同职业队有着差距，职业队更看重成绩，学生队则重在培育学生，在此过程，教练应从自身做起，首先做到爱队员。在队里，责任与担当首先应体现在教练身上，用自身的行为去感染队员是最好的方式。

珠海市文园中学足球队秉承着坚毅、果敢、顽强、拼搏的信条，终将为社会培养一批又一批有责任、有担当的合法公民。

（作者：珠海市文园中学体育教师　王泽麟）

第二节　班主任管理

责任·蜕变·成长

责任是我们人生中不可缺少的一课。一个人只有肩负责任，才能对生活充满热情。2010年，我再次中途接手毕业班的班主任工作。在上任之前，已经听说了有关这个班的不少传闻。传闻这个班的班风不好，班级纪律散漫。班里有个性格暴躁、经常与同学打架斗殴的"校园大哥"。这些传闻令我内心非常忐忑。如何才能在一年的时间里建设一个团结奋进的班集体呢？我中途接手，初到这个班级，已经不占天时地利了，能否在短期内做到人和呢？毕竟还有一年就中考了，时间不等人。带着这种焦虑，我走马上任了。开学第一个星期，小强请假了，班级其他的学生表现得比我想象中好得多。上课虽然没有做到所有学生都能够全神贯注地听课，至少说话睡觉的现象不多，对老师的态度也没有太大的敌意。这使我暗暗舒了一口气，"也许传闻也不见得可靠"，我侥幸地想着。渐渐地我对与小强的见面有点小期待了。

一星期过去了，小强回到班级，情况急转直下，状况频出。第一天，他在英语课上睡觉时同桌不小心碰到他的头，他立刻就把同桌的手打青了。中午放学时他又骑车撞到了一名学生，晚上放学回家的路上嫌前面的学生走得慢，他狠狠地踹了那位学生一脚。一天下来，我收到有关他的投诉有十多件，班级好不容易形成的一点秩序在他的冲击下也荡然无存。我狠狠地批评了他，可他无所谓地站在我的面前，坚决不承认自己的错误。我的内心充满了愤怒与无奈，我知道决不能让事态就这样发展下去。我必须想到解决的办法。经过与他前任班主任的沟通交流，我决定对他进行一次家访，知己知彼才能百战百胜。在没有通知他的情况下，我对他家进行了突击家访。敲开门，他一愣，随即眼神里便充满了警惕和不耐。通过家访，我了解到他的家庭：父亲在他三岁时去世，妈妈身体不好，靠每天在市场卖菜来抚养他长大。他的妈妈告诉我，小强的父亲去世后，她每天忙着工作。因没办法带他，就把小强放在菜市场的幼儿园里，这个园里的孩子都比小强年纪大，头一个月每天都是小强被其他的大孩子欺负后回家哭诉。后来小强开始反抗，谁欺负他，他就与谁打架。随着年龄增长，小强的战斗技巧越来越厉害，到了小学，发展成没人欺负他，他也会主动找人打架。到了初中，家里已经没有办法管他了，通过几次打架斗殴，同学们都怕了他的武力，他就成了这个班级的"老大"。在他的影响下，班级学生上课说话、睡觉、顶撞老师的现象时有发生。

通过这次家访，我找到了小强打架恶习的根源：一是幼年受到欺凌时无助的心理阴影，导致他认为武力是解决问题的唯一途径，也是得到安全感的唯一方式。二是他的学习成绩不理想，在学校无法得到他人的重视和尊重，而他擅长打架的本事可以让他人产生畏惧心理，从而在同学中刷存在感，想通过打架炫耀武力来体现自身的价值。厘清了思路，我认真制定了教育方案，并马上实施。首先，我对这个没有安全感和自信心的学生充分地表达了善意，找各种借口与他接触、谈心，努力让他学会向我表达他的想法和诉求，及时为他解决一些小困难，用有温度的语言和方式让他感受到来自我的温暖和关怀，以此消除隔阂、反感和抗拒心理。恰在这时，一件事情的发生令我更加靠近他的内心，使我们师生之间的距离更近了。在小强又一次打架后，他受了伤，我第一时间带他去了医院。没有批评，忙前忙后地为他挂号、排队、看病，包扎完伤口还请他吃晚饭。因为我知道他那忙于生计的母亲肯定没有时间为他做这些事情。一开始，他非常抵触，但不轻的伤势使他屈服于我的安排。渐渐地，他放松下来，安静地跟在我身边，直至送他回家的路上。他开始滔滔不绝地讲起了自己的故事和想法。他告诉我，他打架是为了向其他同学证明他的厉害，让大家都不敢小瞧他。其实他也很想和同学们做朋友，不想别人都讨厌他，可是总是忍不住动手打人。我告诉他："用武力来证明自己的价值是错误的行为，打架只会让同学们怕你、讨厌你，却不会信服你、尊重你。希望得到同学们的友谊，你需要提升自己的人格魅力，培养自己的责任感。人只有有了责任感，才能具有驱动自己一生都勇往直前的不竭动力，才能感到许许多多有意义的事需要自己去做，才能感受到自我存在的价值和意义，才能真正得到人们的信赖和尊重。作为子女，孝敬母亲是你的责任；作为学生，遵守学校纪律、完成学习任务是你的责任；作为朋友，忠诚、互助、互谅，是你的责任；作为班集体的一员，自觉维护班级的荣誉，善待每一位班级同学是你的责任。责任就在你的身边，而你，敢于担当吗？难道你还想看到你的妈妈对你流下痛苦的眼泪吗？"他对我说，老师，我想试一试。

为了彻底解决他的问题，我查阅了不少资料。我知道了像小强这样容易暴躁不安、不善于把握自身情绪的人最好的教育手段是赏识教育。经过与科任老师的研讨，我制定了详细的计划。

第一步：寻找闪光点，赋予责任。他的书法和绘画基础很好，我征求他的意见，希望他能为班级出一期板报参加学校的评比。他开始有点犹豫，我鼓励他只有迈出第一步，才能有第二步，作为班集体的一员，该承担责任的时候就要勇敢担当。当我把这个决定告诉班级其他学生的时候，大家的眼神充满了诧异与怀疑。为了顺利完成板报的任务，一向很闹的小强竟然每天中午准时站在黑板前，认真地一笔一画画出作品。一个多小时的时间里小强画了改，改了再画，反反复复地重复很多次，最后才确定令自己满意的作品。渐渐地，我听到了一些学生对小强绘画水平的肯定声音。在那段时间里，小强有时仍会暴躁不安，但是没有再与同学动手打架了。我对小强说："这是好的开始，坚持就是胜利，老师会陪着你。"在一个星期的时间里，我始终坚持陪着小强一起出板报，给他加油，鼓励他坚持。功夫不负有心人，板报评比结果宣布后，我们班获得了年级创意第一名。同学们都为小强高兴，同时他们也看到了小强为这次板报获奖的付出，对小强的看法也有了很大的转变。小强也非常开心，在没有人注意的时候我看到他擦了擦眼角的泪水，他体会到了承担责任带给他的快乐。

第二步：发挥优点，强化责任。板报事件后，同学们对小强的态度渐渐改观。我决定要趁热打铁，让小强承担更大的责任。我邀请小强作为我的班主任助理，协助我管理班级纪律。在承担这个责任前，我对小强进行了心理辅导，我对他说："以前班级的同学害怕你的武力，现在你要靠自己的人格魅力让他们信服你。在这个过程中，你要完全改变自己，要以身作则，才能令大家真正接受你的管理。一旦出错一次，可能前面的努力都前功尽弃。你一定要坚持。"小强意识到了这份工作责任的重大，他很努力，但是有时仍然很暴躁。这个时候他会主动找我谈心，说说他内心的想法，向我请教解决的方法。一个月过后，小强坚持做到了以身作则，上课从不随便说话；有随便说话的同学，他竟然能耐心地以理服人，不再挥舞他的拳头付诸武力。同学们也从一开始的惊疑，变成了对小强的信服，班级的课堂纪律越来越好，学生们的成绩屡创新高。看着这些变化，我由衷地感到高兴。

在一年的时间中，小强加强了对自己行为的控制。当他感到暴躁不安时，会主动地跟老师谈心请教。我与他的妈妈也时刻关注着他的情况，经常给他鼓励与信心，帮助他一起把落下的功课捡起来。中考时，小强取得了不错的成绩。在他分担管理班级纪律的责任后，他没有再打架斗殴，和班级同学的关系也越来越好。我为他的蜕变而骄傲。

歌德曾说过"责任就是对自己要求去做的事情有一种爱"，这种爱使那些真正热爱自己事业的人们获得成功与荣誉，并受到人们的尊敬。一个人若是没有热情，他将一事无成，而热情的基点正是责任心。每一个人都有一份属于自己的责任，需要自己去担当，去完成。只有当我们担当起了自己的责任时，我们才能成长，才能够充分发挥自己的潜力，在学习和生活中获得成功。愿我们所有的孩子都能勇敢地承担责任，将责任之心带到成长之路上，让人生散发出金子般耀眼的光芒。

（作者：珠海市文园中学数学教师　程珊珊）

共创和谐氛围，让责任和爱撑起一片蓝天

每年的毕业季都是那么的矛盾，毕业的喜悦夹带着离别的伤感。

以往都是看着其他老师和学生们依依惜别，而这一次，终于，轮到了我……

大鹏是我第一届学生的班长。之所以成为班长，不是因为他学习有多么出色，而是在学生们刚刚报到时整个班级都要被嘈杂声掀翻，他那一声震天的"狮子吼"瞬间让整个教室安静下来。我也被这个外表粗犷、颇有气势的男孩

子所吸引。

很快，大鹏成了班级的临时班长。军训中，大鹏积极配合教官集合学生队伍，组织各项比赛，一切都做得那么完美，以至于我都直呼幸福咋就来得这么快！

然而，当我们脱下迷彩服，穿上校服回到学校，我渐渐地感受到了学生们的变化。大鹏似乎有点飘飘然，身边也多了三个"帮手"，每天在班级晃啊晃的，就差横着走了。而学生们似乎都比较怕大鹏，对我总是欲言又止，眼神中也多了几许躲躲闪闪。百思不解，我找到大鹏了解情况，他不以为然，觉得是我想多了，他感觉同学们都和他很好。我又找了其他几个比较听话、敢于直言的女孩子了解情况。我终于了解到，原来大鹏的性子比较急躁，管理学生总是大吼大叫，有时甚至直接把同学的东西扔在地上。若稍有反驳，便欲做打人状。由于大鹏身形相对较大，身边又有三个"帮手"，班级里的同学都没有了安全感。同学们每天提心吊胆，都是敢怒不敢言。这不，前几天，班级自习课，靠近前门的两个男同学在小声交流什么，大鹏吼了两句，但是对方没有注意到还在继续，大鹏就一书包扔过去，直接将班级前门旁边宣传栏的玻璃打碎了。全班愕然，大鹏也感到事情不妙，让"帮手"之一把玻璃扫干净，还说让全班同学都不要和我说。当天自习课快结束的时候，我去班级，班级很安静，没有什么声音。而我在班级转了一圈，还表扬了班级同学自习课纪律很好，大家以为我发现了玻璃宣传栏的玻璃碎了没有问，是在故意袒护大鹏，就更不敢说什么了。其实当天我真没有发现宣传栏玻璃的问题。

尽管大家都觉得大鹏是出于管理班级纪律的角度才这样做，但还是感觉比较害怕和不能接受他。另外由于学生们认为我比较信任大鹏，班级重要的事情都由大鹏负责，所以很多学生就以为我是赞成大鹏的管理风格。于是就出现了前面的状况。

了解到这个情况，我的内心非常忐忑。①宣传栏的玻璃赔偿会不会伤害大鹏管理班级的积极性；②这种管理方式如果被直接否定，大鹏的威信必将严重受损，无论我们再使用什么样科学的管理方法，也必将会遭到脾气暴躁的大鹏的情绪反弹；③班级的管理谁又敢接班？怕遭到大鹏及其小团体的抵制；④已经有了不安全感的班级如何能够形成一个有凝聚力的团体。大脑飞速地思考起来：怎样才能够既不打击大鹏管理班级的积极性，又能够从根本上转变他暴躁的性格？让其日后更好地融入他人生中的每一个团体，为团体付出的同时也能够感受到来自团体的支持和信任呢？

冰冻三尺非一日之寒，每一个人的每一种习惯和性格的养成，都是由一定的养成环境以及一些偶然或必然的因素所导致的。因此我想和大鹏的家人联系一下，看看能不能先了解一下大鹏的情况。

来到学校和我交流的是大鹏的父亲，憨厚中透露着朴实。从交谈中我了解到：原来大鹏是小学三年级随家从东北转学到广东，爸爸妈妈每天的工作时间都比较长，妈妈身体不是特别好，大鹏很孝顺，觉得自己已经是一个小男子汉了，在学校有什么事情，基本都不告诉妈妈，怕妈妈担心，影响身体。有什么话都会和爸爸聊一下，但由于爸爸太忙，没有太多时间照看和管理大鹏的功课，所以大鹏的学习就落下了。新环境的不适应以及家人忙于生计，是没有办法的，但是当我提及大鹏暴躁的脾气以及在班级管理方面的表现时，大鹏的父亲沉默了，很自责地告诉我，这个其实是他的问题。大鹏的爸爸是个粗人，一整天的工作就消耗掉了他全部的精力和耐性，回到家真的很累，还要撑起大部分家里的工作，已是分身乏术。所以管理孩子就怎么简单怎么来，怎么立马奏效怎么做。有什么事情就直接吩咐，做得不对了就给一两巴掌。这些看似简单的交流方式虽然不影响其父子关系，但却在不知不觉中渗透到了大鹏的骨子里。简单，粗暴。

特别是有一次，大鹏和其他几个高年级的孩子发生了冲突，被别人欺负了，大鹏的父亲得知后，真心心疼儿子，直接找到欺负大鹏的"小混子"，一言不合，就给了"小混子"两巴掌，"小混子"当时就认怂了。从那次以后，大鹏就变了，喜欢对同学动粗，爸爸虽然内心觉得是不对的，但是初来乍到，不希望孩子吃亏的他也就没有再说什么。

但是得知大鹏在班级的表现后，大鹏的父亲特别自责。他能够感受到大鹏到新班级并得到重用后的喜悦，也知道自己的孩子其实不是什么坏孩子，不是想欺负同学，只是对人和人的相处之道存在误解。大鹏的父亲也意识到长此以往，大鹏将会发展成自己不愿面对的样子。

我和大鹏的父亲商量了一下，觉得还是要从根本上改变大鹏的错误意识，在不伤害大鹏自尊心和责任意识的前提下，通过家校合作，双管齐下逐步改变孩子的世界观和人生观。

家庭方面：第一，大鹏的父亲在家里要尽可能增加对大鹏的耐心，改变从前简单粗暴的管理模式；第二，周六日休息，一家三口尽量多组织一些徒步、打球、野餐等阳光的家庭休闲活动，多到休闲的人群中去，感受人们和谐、安逸、健康的生活态度和生活乐趣。

学校方面：首先，对宣传栏玻璃进行赔付，让大鹏意识到这是在对自己的行为负责；其次，班级设计了一系列简单直观的纪律登记表、作业登记表，通过图表和多人协作等方式帮助大鹏科学合理地管理班级事务，让大鹏意识到规则和方法的重要性。

此外，我们还以此为契机，学生、家长、老师共同参与完成了一节"共创和谐氛围，让责任和爱撑起一片蓝天"的主题班会，让学生倾诉青春期的苦闷与烦恼；让家长倾吐对家的眷恋和生活的不易。通过"我们该以怎样的心态对待生活"、"现阶段我们该承担起怎样的社会责任"等一系列问题，让学生们在思考的同时增强对家庭、学校以及人与人之间相处氛围的共建意识以及培养每一位学生在现阶段的责任意识。

方案的制定是简单的，但实行起来却是五味杂陈，不是简单的三言两语可以代之。

首先，我们遇到的问题就是大鹏的困惑。是不是我们不信任他，在削弱他的管理权力？这一点，我很明确地和大鹏讲，班级是大家的，每一个有意愿为集体付出并锻炼自己的同学，我们都应该给予他们同样的机会，没有针对任何一位同学。我们的目的就是要让大家都热爱并参与管理这个班级，让班级变得更好。

其次，我们重新整合班干队伍，男孩子的性格相对容易冲动，女同学做事能够多一点思考，因此我们把班级的每项事务都分配给两名同学，一男一女，这样可以互相补充不足，多些思考，提高办事效率。而大鹏主要负责的纪律方面，我们也配备了一名班级威信相对较高的女同学，由于两个人共同管理一项事务，且分为单双周，因此大鹏也逐渐感受到别人在管理同一件事情时的做事方法（轻松运用管理表格，做好登记，并根据相关规定进行奖惩），同时也体会到别人管理中所体现的高情商，最难能可贵是他开始重新审视自己的言行以及管理方法。

另外，我和大鹏的父母也增加了沟通的频率，了解家庭的一系列活动，以及亲子关系的变化。

经过近一年半的家校努力，大鹏的转变非常明显，本就有办事能力的他做起事情来越发有章法起来，让同学们纷纷感慨于其做事的公正与高效。班级氛围更是得到有效改善。同学们对待大鹏的态度也是信任中增添了几许敬佩。这已让大鹏充分地意识到作为一个班长，要以浩然正气引领班级走向积极上进、文明有序的正确方向，而不是以暴制暴，走黑社会性质的帮派、小团体道路。

有几次与大鹏的爸爸妈妈在校外偶遇，很明显能够感受到他们发自内心的欣慰与喜悦。是的，没有任何一件事情能够重要过儿子的健康成长。无论是心理，还是身体，都是一样的重要。

大鹏改变的同时，班级学生们也明显有了改变。孩子们意识到班级各项规章制度从建立到实行再到深入人心的必要过程以及其重要性。我们摒弃了简单粗暴的管理方法，取而代之的是严于律己、遵守规则、尊重彼此，以解决问题的心态去对待每一件事情。

也正因为如此，我们的2班在当时的平行班中凭借一股正气和团结一心，赫然成为最有凝聚力、最具行动力的班级之一。

又是一年毕业季，我们除了喜悦中夹带着离别的伤感，我们还共同收获了人生这个美好阶段的芬芳……

（作者：珠海市文园中学数学教师　马欣）

来自星星的你——予人玫瑰，手有余香

一、案例背景

他是一个爱笑的孩子，有一个特别的名字——般若。那是2010年8月师生见面的第一天，我发现他和别的孩子不太一样，行为也有些异常，与家长联系沟通后得知满脸笑容的他却是一名先天自闭症患者。在与家长沟通的过程中，我深深地感受到了家长内心深处的痛苦和无奈。他的名字取自《般若波罗蜜多心经》，这里有家长的太多期许。我暗暗下定决心一定要好好善待他，让他快乐成长。

二、矛盾冲突

般若每天用笑容迎接着每一位同学和老师,但是,却被一些同学诠释为傻;般若每天努力地做着自己认为对的事情,却被一些同学视为笑话;班级有一些同学,不仅体会不到他的不易,还在肢体上和语言上欺负、嘲笑他,扔他的书,更有甚者还阻止他去厕所。

终于,在开学两个星期后,他爆发了。他一边大吼大叫着,一边挥舞着拳头。看着歇斯底里的般若,我无比痛心,可是,看着在旁边幸灾乐祸的恶作剧制造者,还有看热闹一般笑着、闹着的学生,我的内心更是刺痛。因此我立刻决定,我要借此机会,正确地引导、教育孩子们要有担当和责任心,保护照顾身边的每一位同学,尤其是像般若这样的孩子。

三、解决过程

1. 通过电影进行初步介绍

首先我组织学生们观看了由李连杰、文章出演的电影《海洋天堂》。让孩子们先通过影片对自闭症有一个初步的了解,对自闭症孩子的生活也有一个比较深入地了解。

2. 召开主题班会

看完电影之后,在孩子们的情绪还沉浸在电影男主人公的命运中时,我趁热打铁,在班级内召开了"来自星星的你"主题班会,介绍自闭症孩子的症状以及生活中应该有哪些注意事项,并且通过设置体验活动来让孩子们感同身受。当然游戏的主人公,我们就选择了平时最活跃的几位同学。

游戏:沉默是金

规则:坐在椅子上的同学,手不可以离开椅背,脚不可移动,而且说话不可以超过三个字,表达出在题板上出现的内容。由班级威信最高的两位女生来做裁判。

我邀请了我们班的"八大金刚"来参加了这个游戏,而其他同学都在旁边出谋划策应该怎样表达。虽然过程笑料百出,但孩子们在笑过之后,却都沉默了。因为他们切身感受到了当肢体和语言都受到限制的时候,稀松平常的一些事情竟然变得那么难。

讨论：我们应该要在以后的班级生活中怎样去帮助般若呢？

孩子们你一言我一语地说开了。有的说，我会帮他每天打扫好桌内卫生；有的说，会接他上学放学；还有的说，我会帮助他打饭、帮他洗饭盒……这个时候，我们班的"大金刚"站起来说："老师，你放心，我以后再也不会欺负他了，而且，我也不会让其他班的人欺负他的。"话虽简单，但很诚挚，班级的孩子们都为他鼓了掌。

3. 实践深入

周末我们还在般若妈妈的帮助和带领下，参观了特殊学校，进行了解学习。参观结束，般若妈妈深情地对孩子们表达了感谢，也向孩子们诉说了她坚持没有送般若去特殊学校的良苦用心和想法。孩子们都表示理解，还有几位女孩子更是潸然泪下。

4. 后记

转眼间，三年过去了，般若还是那个爱笑的大男孩，只是比初一时要更加从容和温和，会笑着去表达自己的一些简单的想法。虽然他的试卷还是满篇都是"大"字，但是已经由之前的局促到不愿交试卷，变成现在永远第二个交卷的学霸。而我们的"大金刚"，也已经变得更加温和，更加善解人意。有次他竟然还跟我讲起了"己所不欲勿施于人"，现在还会在周末的时间时不时去看看这位他保护了三年的学友。

四、反思

做老师这么多年，我越来越深切地感受到，其实每一位孩子都是天使。有时我们所看到的问题表面，也许是孩子没有意识到自己的责任所在。就像我们班的"金刚"们，从刚开始的欺负，只是源于好奇，感受到对方与自己的不一样。而后来肩负起责任的他们，不仅帮助了弱者，更加让自己得到了成长。予人玫瑰，手有余香，大概就是这个道理吧。

（作者：珠海市第九中学数学教师　李磊磊）

从青山博士到青山居士

——记张焱同学的成长点滴

一、背景

张焱者，号青山博士，年方十五，沉默寡言，性情孤僻且略显暴躁，善独居教室一方。初中两年来，对学习寡然无趣，每日若醉生梦死般沉寂在教室一角的桌面，与世无争更似与世无关，任你小惩为戒，还是大讲道理，他自岿然不动。时光荏苒，转眼已至初三，同学们学习兴趣及学习斗志皆大增，唯青山博士仍独霸一方，睡意盎然，倒也互不干涉、互无影响。

二、发展

怎料，某日，一场"大火"，改变了这貌似和谐的局面。

"哇哇哇……着火了，着火了，哦……"也许是这嘈杂的声音吵醒了青山博士，向来万事与我无关的青山博士，竟然抬起头来，还向讲台这里凑了过来。原来是化学老师在做实验，模拟酒精灯被打翻时的场景，探明真相的他，一边口中"咻……"着，一边一脸不屑地晃回了座位。但是，我惊讶地发现，这节课青山博士没有再睡觉，虽然他极力想表现出不感兴趣的样子，但我还是真真切切地感受到今天的课堂多了一双关注的眼睛。后来，我发现，只要是做实验，青山博士就会抬起头来，而那些或剧烈或美丽的实验也总是能刺激到他，引起他的注意。话说打铁要趁热，我想如果青山博士能有点兴趣，那也是好事。于是，我开始刻意安排学生们参与到演示实验中来，从小助手做起，然后，又安排一些小组实验，让更多学生参与其中。每每这时，从不参与小组活动的青山博士，竟然会凑上前去。但是，许久不参与小组活动的他确实缺乏存在感，看到他垂头丧气打算走回自己的领地，我忽然有点心疼他，这刚燃起的一点小火苗我可不能让它就这么给熄灭了。"张焱"我开口叫住了他，"你能来帮我个忙吗？"他先是一愣，然后看向我，一只手指着自己的脸，眼睛瞪得圆圆的，一脸疑惑。这还是我第一次跟他面对面，第一次有机会可以注视着这张稚气又倔强的脸。圆圆的眼睛，浓浓的眉毛，典型的水滴脸，很是帅气！只是一瞬，这小脸就一沉，眉头紧紧地蹙在一起："老师，你别拿我开涮！"看他转头就准备走了，我赶紧叫住他："你上来，我需要你帮手……"看他还是站着不动，我拿了一个试管，走下去递到他手中："请你帮我倒半试管澄清石灰水在里边，然后，我需要你的帮助。"说完，我拉了他就往讲台走。这一次，他没有拒绝也没有逃避。"你一定要在我倒入盐酸之后第一时间把胶塞塞好……"我一边对他嘱咐着，一边跟其他同学说："我们这次实验能否成功，主要看张焱是否眼疾手快，大家给他加加油。"伴着掌声，我倒入了稀盐酸，在我移开瓶口的一瞬，他果然不负众望，立刻塞好了胶塞，我们的实验很成功——清水成功地变成了牛奶。"请大家以热烈的掌声感谢张焱！帮助我们成功完成实验！"站在讲台上的青山博士竟然会微微脸红，那羞涩的样子宛若一个大姑娘，果真还只是个孩子。看着他的样子，我感到很欣慰。

自此，我就认定了一位小帮手，那就是青山博士，只要有机会，我就让青山博士来帮我，没有机会也创造机会给他找些小事情，美其名曰"救火小分队"。而我办公室里也多了一位常客，"老师啊，这个东东为什么叫天气瓶啊？为什么一开空调，它就下雪了……""哎，老师，这个是我在我们小学门口的小卖部买的，这东西怎么那么奇怪，为什么它加点水就变得像水晶泥一样？""老师啊，这玩意儿到底是什么东西？它到底有没有毒啊？"我发现，原来这个外表看起来桀骜不驯的孩子是这么热爱生活，对身边的事物观察如此细致。他的问题，我会尽量详细地解答，甚至带着他一起查资料，弄清楚。慢慢地，我们之间不再那么拘谨，我问他："为什么大家叫你青山博士呢？"他回答："我号青山博士啊"我又问"什么意思啊？你为什么号这个？"他回答："因为我够神经啊……哈哈。"说完，他自顾自地笑了，而我却听出了酸楚，我没有继续追问，我不知道他经历了什么，但我猜其中一定有伤害。日子一天天过去，青山博士还是青山博士，除了问着他感兴趣的问题，关注下他感兴趣的实验外，还是继续与周公频繁相会。

激动人心的时刻来了，大家终于可以正式进入实验室，去真正独立做实验了。孩子们既兴奋又紧张，他们反复复习着实验操作注意事项，生怕出现意外。每一位孩子都找好了自己的最佳搭档，两人一组，精心准备着。青山博士也和一位乖巧的女孩燕子组成了实验小组。看到燕子在，我觉得这一组我是放心的，因为燕子是一个学习非常细致用心的孩子。实验开始了，一切都井然有序地进行着，看着紫红的高锰酸钾受热，看着那一串串的气泡，有些孩子还调皮地、贪婪地吸着自己制备出来的氧气，那小脸满足的样子，真是让人忍俊不禁。当大家在自己收集到的氧气中点燃铁丝火星四射时，惊呼声更是此起彼伏，看上去，本堂实验课很成功，也很安全。就在这时，传来了哗哗的流水声，不好，是谁开了水龙头，惊吓有余的我，快速锁定目标并奔上前去。可我还没有抵达，就听"啪……啊……"紧接着就传来了女孩子的哭声。开水龙头的是青山博士，青山博士洗了手还甩了手，水滴溅到了正加热的试管上，试管骤然遇冷炸裂了，碎碴儿崩落到了燕子的手上。燕子哭了，青山博士手足无措，站在一边。几个女孩快速围了上来，检查燕子的手伤，几个男孩快速过来帮忙清理现场，实验课就在这样一片混乱中结束了。还好燕子的手并无大碍，只是人确实受到了惊吓。

三、解决

"我又不是故意的，你随意。"刚刚还一脸迷茫的青山博士，这会忽然变得像是一位穿了盔甲的战士。我看着他，并不接他的话，只是递上一杯水："刚刚吓着了吧，都知道你不是有意的，先喝口水吧。"接过水的青山博士，先是一阵错愕，然后一脸尴尬，他说他真不是故意的，只是太无聊，又插不上手，就想去玩玩水……顿了顿又红着眼说："感觉我也帮不上忙……"我拍着他的背，摸摸他的头，说："我相信你，经过这段时间相处，我知道你内心还是很上进并且乐于助人的，不会做出这种有意伤害别人的事。"听到这里，他抬头看着我说道："老师，你真的相信我？"我看着他，肯定地点点头。"你知道我为什么叫青山博士吗？那时我上小学，我看到零食里有一小包干燥剂，就拿出来和几个同学一起玩，弄伤了一位同学的眼睛。我真不是故意的，可是，自那以后，他们都叫我神经病。老师也不相信我，我就叫青山博士了。"他的话语深深触动了我，虽然短短几句，但我仿佛一下就懂了，为什么这个内心火热的孩子表面如此冷傲。我决定试着帮他打开心结。

"我们都相信你不是有心的，今天的事和小学干燥剂的事，你都不是有意伤害同学，只是我们需要学会更好面对、科学处理，你觉得呢？"

"老师感觉怎么解决更好？"

"错误不是你有意为之，但确实因你而起，你觉得我这么说合理吗？"

青山博士点了点头。

"之前干燥剂的事，是因为你并不知道干燥剂的危害。今天的意外，是因为你不知道热试管遇到水会炸裂，其实都不是你主观意识上的错，而是因为客观知识上的不足导致的。另外，我们在探讨研究、满足自己好奇心的同时，也要学会照顾周围同学的感受和安危。同在一个班集体，你和同学们息息相关，互相影响，你觉得是吗？现在你想怎么解决呢？"

青山博士沉默了一会，说道："我不想去道歉，他们只会觉得是我在找借口……"

"其实要表示歉意有很多种方式，而且，只要你够真诚，相信大家都能感受得到，而且，真正的英雄不都是勇于承担责任的吗？再说，他们也许只是还在气头上，在应激反应期，所以没有办法认真听你说话呢？试想一下，如果你正在气头上，我来跟你讲道理，你会想听吗？"

"可是，他们都不喜欢我……"

"孙悟空刚上五台山时，还是那个最不受待见的呢，怕什么，只要你努力，只要有诚意，大家终能感受到。"

青山博士若有所思，点了点头。

第二天，燕子发现她抽屉里多了一瓶破痛油，还有她最爱的饮料。

日子一天天过去，我们渐渐发现：角落的那张桌子在慢慢向前移动；每天趴在桌子上睡觉的那个青山博士不见了；以前堆在教室后面的矿泉水瓶没有了；天气炎热的夏天还多了两台风扇。

中考百日誓师时，班级要派一位同学代表全班同学讲话，青山博士自告奋勇，站在台上，他说："之前的我，只想着自己，总是沉浸在自己内心的小伤害里，却忽略了因为我的无知给别人带去的伤害，忽略了因为我的自私给班级带来的损害。现在，我明白了，我一定要好好努力，3班的同学们，谢谢你们这3年来对我的宽容与照顾，希望你们认真努力，狭路相逢，祝愿你们是胜的勇者！"台下掌声雷动。

中考结束，考到职校的青山博士，学了自己喜欢的专业，还做了班长。毕业后，努力打拼的青山博士已经是市燃气公司的一员了。再次见面，笑问：

"还叫青山博士？"答："还叫青山，只是，现在是青山居士了，哈哈哈……"

四、反思

每一位孩子都是一块璞玉，只是有时候，也许会因为一时的挫败、一时的委屈而使这块"璞玉"不那么完美。我想这个时候，我们更需要给予他们耐心地聆听，积极地关注，及时地关爱，悉心地指导，相信会给迷航的孩子指引出前进的方向，相信会有更多青山博士成长为青山居士的好故事，相信瑕不掩瑜。

愿我们不忘初心，矢志教育！

（作者：珠海市第九中学化学教师　孙歆）

她愿撑起自己明天的太阳

对自己分内的事情负责是人类非常重要的品质。著名教育学家陶行知说："先生不应该专教书，他的责任是教人做人；学生不应该专读书，他的责任是学习人生之道。"无论是身份高低，每个人都应具备责任意识，也就是责任感。初中学生是未来之希望，使其勇于承担责任是我们教育工作者的重要任务。所以教师不仅要教会学生文化知识，更应教会学生如何做人，做一个有责任感的人。

作为一线的班主任，无论何时，我们都要以身作则，义不容辞地用自己敢于担当的精神去影响和感化我们的学生，特别是在某些方面暂时落后的学生。而我，就有一位典型的心理待优生等待着我去感化，等我引领她走上敢为自己负责的彼岸。

一、人物写真

小张同学，女，2002年1月出生，为珠海市文园中学初三年级的学生。

该生是湖南衡阳人，全家租住在某小区的一单间内。父亲给各报刊亭送报纸，母亲是某医院的洗碗工，有一个哥哥，已结婚生子。父母忙于生计，作息无规律，父母早上4:30离开家，大多时候很晚才回家，无暇顾及小张同学的生活和心理，导致该生从小缺少父母关爱，严重缺乏安全感。

小张同学自小学六年级（就读于某私立小学）起，害怕同学，不愿与人交流。据她的母亲讲述，一年多来，小张同学只吃很辣或很香的零食，甚至用白开水泡特辣的辣椒喝，从未吃过米、面等主食。在家不出门，独自待着，每天晚上大哭一场，凌晨3∶00睡觉，5∶00起床，穿一个小时的衣服，然后再躺下，7∶00多出门。

自她进入初中，从不参加教室外的活动，包括正常的体育、音乐、电脑等课；从不与人说话；老师请她回答问题或找她谈话时，她会不停发抖。她害怕一切，走在大街上都会感觉周围的人看不起她、嘲笑她，不愿来校读书，不敢上街购物。

二、事件

2016年11月26日早上，张妈妈把她送到校门口后去上班，但她未按时到校。8∶00，我照例巡查时发现她没有到校，于是马上打电话给其父母，父母也不知她的去向。后来，我一直电话跟踪情况的进展，但还是没有任何消息。经过大家一天的焦急寻找之后，她在晚上7∶00左右到家，自称在街上闲逛了一天。之前，初一、初二也有过类似情况，她在妈妈送到校门口后不进学校而是去附近的公园独自待一天，甚至说她自己不想来上学，妈妈非要把她送来，她好生气，不想活了。

我当晚约张妈妈第二天上午来校沟通。张妈妈只读过三年小学，文化程度不高，对孩子的教育几乎不关注，只是关心她每天有没有来学校，有没有回家。甚至我打电话说小张同学未到校时，她也只是说"我也不知道，不管她，她会回来的"之类的话。对她这种不负责任的说法与做法，我深感不安和同情。

我对张妈妈说："对女儿、对家庭，您要担当责任！女儿一天天长大，她内心恐惧，不能正常上学、与人交往，您有不可推卸的责任。您也必须正视这一切。没关系，有我在，我们一起来努力！"看到小张同学瘦弱的身躯，我的心都在颤抖，我拉起她纤弱的双手，轻轻地告诉她——对生命的珍视也是对自己负责任的表现；吃饭，保证自身的健康，不为辛劳的父母增添负担也是对自己、对家庭负责任的表现；积极参与学校的学习生活、与同学们友好相处，是对同伴和集体负责的表现；能够帮助父母分担家务更是对家庭负责的表现……

好孩子，老师相信你会勇敢地站起来，不为别的，只为自己肩头的那份责任！

英语老师帮她联系了珠海最好的心理医生，学生处领导和学校德育校长等给予了她充分的关怀。在治疗过程中，我起初每天一个电话询问情况与她沟通，后来每周两次电话，让她感到我是非常疼她爱她的。我也在班上引导学生们多关心她，所以有学生不定期地给她打电话，其他家长，如小王同学的爸爸、小何同学的妈妈等也给张妈妈打电话问候。在这种爱心的包围中，小张同学开始与我聊天了，更加让我倍感欣慰的是：她可以吃米饭了！到了初三下学期，她试着返校了。

刚回校，小张同学还是很胆小，说话声音也很小。看到她的这种情况，我找来班委。经过商讨，我们让她做班级的"护花使者"——负责教室内外花草的维护。她有些腼腆地承担了这个任务。每当看到她拿着水壶轻轻地把水洒向花草，我都会微笑地望着她，她也微笑着低下了头。但我知道，能为班级做事，她是满心欢喜的。她不在教室的时候，我也会跟其他学生讲，我们要用我们的爱心来温暖小张同学，她需要我们！在这种爱心的包围之中和"护花使者"的责任感驱使之下，小张同学渐渐地与同学聊天了，脸上也开始露出了笑容。

渐渐地，小张同学愿意向我吐露心声了，也揭开了她之前状况的面纱。一天傍晚放学后，操场上，我俩散着步，她流着眼泪告诉我："从小爸爸妈妈就告诉我，他们打工挣钱不容易，我是女孩子，不用多读书，长大了能养活自己就行了。小学班上有同学欺负我，老师不管，回家跟爸爸妈妈说，爸爸妈妈很不耐烦。渐渐地，我就认为自己是个多余的人，开始自暴自弃，对自己的一切放任自流，后来身体也不好了。可是，我遇到了您，老师！您义不容辞地担起了教育我、帮助我的责任，您那敢于担当的精神让我内疚，让我醒悟。我错了！老师，我一定振作起来，为自己负责，敢于担当，不让您和所有关心爱护我的人担心……"

我亲爱的学生，父辈学识和观念的限制，给你的童年留下了阴影，可你能够从自身思考，振作起来，成为一个敢于为自己担当的好少年。你愿意为自己撑起明天的太阳，老师为你感到骄傲！

有一句话说得好：学生一天天地成长起来就是老师最大的幸福。这种幸福，是在漫漫长夜的灯光下熬红双眼获得的，也是在三尺讲台上辛勤耕耘换取的。

三、案例分析

古人云："心，灵物也，不用则常存，小用则小成，大用则大成，变用则至神。"要获取思想教育的最佳效果，就要敢于善于"变用"，根据学生的具体情况，选择"契机"，因时施教，扬长避短，以变应变，叩开他们的心扉。

1. 勇于担当用爱心感化学生

作为一个教师，应"以人为本"，尊重每一位学生。心理学家认为"爱是教育好学生的前提"。对于小张同学这样特殊的心理待优生要亲近她，对她敞开心扉，以关爱之心来触动她的心弦；"动之以情，晓之于理"，用师爱去温暖她，用情去感化她，用理去说服她，从而促使她主动地认识社会并不断改进自己的人际交往。

2. 以身作则用耐心改变学生

"一把钥匙开一把锁"，每一个心理待优生的实际情况是不同的，必然要求班主任深入了解弄清学生的行为、习惯、爱好及其后进的原因，从而确定行之有效的对策，因材施教，正确引导。张某某的情况比较特殊，主要是缺乏爱，对父母的教育产生厌恶、憎恨心理，而且总想以极端的方式来解决。因此，我就以爱心为媒，搭建师生心灵相通的桥梁。多次与她谈心，使其认识到不足，树立做个好学生的念头。

3. 用信心激励学生敢为自己担当

充分发挥班集体的力量，给予她学习和思想上的帮助，让她感到家长、老师、同学的关心、重视……用关爱唤起她的自信心、进取心，然后引导并激励她不断进步，从而成为敢于为自己担当的学生。

托尔斯泰说过："有无责任心，将决定生活、家庭、工作、学习成功与失败。"苏联教育家马卡连柯说："培养一种认真的责任心，是解决许多问题的教育手段，没有责任心就不会有真正的工作。"培养学生的责任感，是我们每个教师的责任，也是我们这个时代的需要。

愿我们的学生都能撑起自己明天的太阳！

（作者：珠海市文园中学数学教师　翟玲）

"我不想当班长了"

　　一个星期三的下午，我结束市教研活动正在回学校的路上，忽然接到了一个电话，是我班的班长刘×蕾打来的。她的声音呜咽不清。我一下子紧张起来，用柔和的语调询问她发生了什么，她不停地抽泣着，断断续续地说了几句话。这个向来乖巧可爱、活泼爽朗的女孩被班里的同学气哭了，说她不想做班长了。她说她将事情的经过写在我电脑桌面上的一个文档里了，请我回来后看一看。等我急匆匆地赶到学校，已经过了六点，学校已经拉下了电闸，电脑开不了了。我只能按捺住急切的心情，等到第二天了。

　　第二天，我早早来到学校，静下心来仔细地看了班长留在我电脑上名为"老师，请关电脑前务必看一下这个文件"的文档。其实事情的原因和经过很简单。上初中以来，班里的学生对初中生活的新鲜感还没散去，孩子们那种散漫和躁动不安的习气还没有得到净化和沉淀，班干部对班级的管理也还处在起步阶段，孩子们对新的班级的认同感、责任感尚未被真正激发出来，班级的凝聚力也未真正成形。由于开学以来，我一直盯得比较紧，他们没有机会太放肆。好不容易逮到老师不在，他们正好可以宣泄一下自己的"天性"。班长虽然对工作十分负责，但毕竟是一个看起来比较文弱的女生，平时也比较好说话。在短时间内树立的威信有限，同学们还是不够信服她。趁着老师不在，自然有人要挑战一下她的权威。为了实现老师在与不在纪律都能有保障的目标，那天我特意交代，请她从严管理。她真正按照我的要求去做，在白板上登记了长长的违纪名单。可是，下面的学生有的不满自己被登名，有的是因为心里没有真正服她做班长，有的则纯属起哄看热闹。就这样班里开始闹哄哄的，班长一个人有点顾不过来了。这时，有一个平时也不太安分的女生吴×菲要求帮忙管纪律，班长同意了，吴×菲在管纪律的过程中与同学打闹并追着同学跑出了教室。接下来的事情就越来越离谱了。先是一名平时在班里调皮捣蛋违纪较突出的学生唐×明公然挑战班长的权威，很不满地对她说："班长，这就是你管的纪律吗？只要有人要管，就让她管吗？那下次全班都上去管，全班都出去咯！"班里的其他学生趁机起哄，说要推举唐×明上去管纪律，班长又气愤又委屈，口不择言地说："唐×明，你管得好就你管，我下去，可以了吧！"然后，她就真的走了下去。唐×明则上台来管纪律。下面的学生更得意了，哄闹着让唐×明擦去他们被班长登记在白板上的名字。就这样班里仿佛在上演一场闹剧，班长最后看不下去了，只好又上去管。在文档的最后，班长委屈地向我吐露她的心声："老师，我认为我确确实实在这节课的管理上有问题。可是难道我这么做，我是为了我自己吗？就因为唐×明对他们很宽松，他们就让他上去管纪律吗？老师，如果有更好的人来管，我班长的位置给他好不好？我不想和同学们的关系弄得很僵，可是如果我不管，我就没有尽到班长的责任。"

看完班长留给我的文字，我不禁被这个孩子的责任感和真诚所打动。但是，经过了一个晚上的情绪缓冲，我并不急着帮她"平反"，也不急着去惩治那几个捣蛋的孩子。怎样帮助班干部以更恰当的方式履行自己的职责？怎样让班干部带动班级的每一位学生，树立一种人人都要为班级负责的责任感，从而凝聚出一股强大的向心力？我陷入了沉思。

上午第五节课结束后，我留住了全班，没有说一句责怪的话，只是把班长写给我的文档在教室的电脑中展示出来，一字一句地读完了它，然后要求每位学生拿出一张纸，对昨天下午发生的事情写明自己的看法，写完了交给我就可以离开了。在读班长写的文档时，我看到很多同学的眼神从嬉闹转为不安、惭愧，进而沉淀为肃穆了。著名的教育学家苏霍姆林斯基说过："没有自我教育，就没有真正的教育。"我想我的目的达成了一半，我想让孩子们回头审视自己在这件事中扮演了什么角色，审视自己的行为给班长个人以及整个班级带来了怎样的影响，我想让他们学着去理解他人，学会换位思考，反思在班干部尽管还有些生涩的管理下自己做了什么，自己本应该怎么做。每一位学生都是班级不可或缺的一分子，是班级的主人，只有把问题抛给他们，才能激发他们的主人翁意识，进而激发他们的责任感。

果然，在一张张小纸条上，学生们自发地检讨了自己的表现，反思了自己的违纪行为，也声讨了那几个捣蛋的孩子。绝大多数学生都表示力挺班长，由衷地感谢她对班级的付出，并为她所受的委屈而不平，认为班里没有任何人能取代她的位置，表示以后要认真配合班长的管理。而那几个"表现突出"的孩子，则惭愧地表示自己当时只是想闹着玩，不是真想伤害班长，也不是有意要给班级添乱。而在刘×蕾写的小纸条上，她也认识到自己把管理班级的职责交给其他同学的行为过于轻率了，认识到自己不想当班长的说法很冲动。

下午放学后，我把刘×蕾叫到办公室，把写着学生们的心声的小纸条交到了她手里，她读完以后，终于露出了久违的笑容，笑容中还夹杂着一丝羞赧，"一班之长，责任重大，可不能随便撂挑子啊。"我语重心长地微笑着说，只见她郑重地点了点头。

经过阴云密布的一天，一切终于又复归于平静，我不由地松了一口气，然而我知道我要做的工作还有很多，心里已经开始默默地筹划下周的主题班会了。"天下兴亡，匹夫有责"，只有让每一个班干部进一步明确自己的职责，只有让每一个学生都明确自己肩上的责任，这个班集体才有凝聚力，才有生命力，才能根基稳固，蓬勃发展。

班级组建之初，势必会涌出各种波涛，这对班干部、对班主任、对班级的稳定和发展都是一场挑战和考验。如果处理不当，就等于给未来埋下一场更大的骚乱；如果处理得当，这也未尝不是一个良好的契机。李镇西老师曾说过："德育更多的时候是不知不觉的，作为教育人随时随地都应该捕捉教育的时机。"如果能借助这些小小的波澜，激发孩子们的主人翁意识，扭转局面，一定能迎来"太平盛世"。

（作者：珠海市文园中学语文教师　肖佳惠）

每一朵鲜花都有绽放的理由

——培养学生责任担当意识

"年年岁岁花相似，岁岁年年人不同"，每当学校门口的紫荆花开时，我总是能想起一个柔弱、安静的小女孩，绽放着花一般的笑容，久久萦绕在我的心中……

"老师，抓到了，抓到了"，话音刚落，班长气喘吁吁地跑到了我的办公桌前，"我们抓到了是谁偷班上同学的钱。"我赶紧放下了手中正在批改的作业。谁？我的脑海中闪过了几个最调皮学生的影子，"是林××！"我呆在了那里。怎么会是她？一个老师、同学都很喜欢的、活泼开朗的女孩子。班长看出来我的怀疑，"真的是她，我们亲眼看到的，没错。"

开学不到两个月，班上学生接二连三地丢钱。同学们互相猜忌，班上人心惶惶。于是，我和几个班干部精心布置了这个陷阱，代号"猎狐行动"。班长当着全班同学的面把班费放到书包里，然后等待"狐狸"现身。呵呵，果不其然，这条还稚嫩的"小狐狸"很快就露出了它的尾巴。我不禁为自己的神机妙算暗暗得意，还与办公室的同事炫耀自己的计谋。

接下来，我把林××叫到办公室。一开始，她拒不承认，"不是我！"蛮横的态度加上一副死猪不怕开水烫的嘴脸，让我对眼前这个平时乖巧的女孩子不由得另眼相看。于是，我开始摆事实，讲道理，列证据，攻心术，几个回合下来，终于在我强有力的攻势下，她承认了。但是，我看她毫无悔过之意，不禁更加恼火。"做错事情不知道悔改，就是没有责任担当的人！"我的话竟然意外戳中她那根最脆弱的神经。她的眼泪像开了闸的洪水一样流淌着，然后头也不回地冲出办公室。接下来，在班上点名批评，写检讨，要求她对全班同学公开道歉，一切似乎"顺理成章"，我暗暗觉得一切尽在掌握之中，可是我万万没有想到，这仅仅才是开始。

那天，她趴在桌子上哭了很久，接下来的几天班上的同学都不和她说话，她变得沉默寡言。上课下课她几乎都不敢抬头，更不敢正视老师和同学们的目光，每天惶惶不可终日。有一天，一个男同学把写有"小偷"两个字的纸条偷偷地贴在她的身上，当她站起来回答问题的时候，全班同学哄堂大笑。终于，顶不住压力的她在一天下午没有出现在教室。

下午，我按学校对班主任管理班级的常规要求，打电话给她的家长询问情况。接电话的是一个老奶奶，她奶奶支支吾吾地说孩子生病了，整天不吃不喝，精神恍惚，时不时就躲在房间里哭。我马上意识到问题的严重性了，我是不是处理得有些不妥呀？孩子是不是受到很大的冲击？可覆水难收啊，我只好说："告诉她，老师和同学们在等她！"

当天放学后，我按照学籍上的地址走到了她家楼下。珠海12月初寒乍冷，街道两旁的紫荆花被风吹得噬噬作响，一阵海风迎面吹来，一阵少有的冰凉，让我不禁打了个喷嚏。一只孤零零的海鸥从远处飞过，它似乎找不到同伴，也不知道要飞向哪，在渐黑的海面上凄惨地呻吟着，渐行渐远……

那天晚上，我和她漫步在学校门口的那条落满了紫荆花瓣的路上。我们聊了很多。她告诉我她奶奶眼睛不好，快要看不到东西了；她想送给奶奶一个老花镜作为生日礼物。因为爸爸和妈妈离婚后各自组建了新的家庭，她不想向他们要钱。所以……听到这里我心里一酸，泪水模糊了我的视线，我都做了些什么？愧疚、懊悔、自责一起涌上心头，让我无地自容。作为一名教师，我粗暴、简单的工作方式差点就毁掉了一个善良、有家庭责任感的孩子。她的确犯了错，但是作为班主任，我没有深入了解事情的原委，甚至都没有问她为什么要拿同学的钱，就让她一个人承受这么多本不应该这个年龄承受的一切。我把她紧紧地搂在怀里："都是老师不好，都是老师的错。"漫天的紫荆花瓣随风飘零，不经意地打在了我的身上，像是在责怪我犯了一个多么严重的错误啊！

第二天，经过与她充分的沟通，并在尊重她的意见的前提下，我在班上给大家讲了一个故事。"有一个从小和奶奶相依为命的小女孩发现，没有老花镜，奶奶做事情特别不方便。于是，她非常渴望能在奶奶生日的那一天，亲手送给她一个老花镜作为礼物。但是，她却不想向离婚了的父母要钱，所以她偷偷拿了同学的钱。你们知道故事中的小女孩是谁吗？"同学们恍然大悟："是林××。""原来是这样啊！""好可怜啊！"上次在林××身上贴纸条的张同学站了起来说："老师，我想跟她说一声对不起，希望林××能原谅我。我想帮助她实现愿望，我过年攒了好多压岁钱呢。""老师，我妈妈每天都给我1元零花钱，我想拿出来帮助她。"同学们七嘴八舌地开始议论起来。

"林××是一个非常有家庭责任感的同学，她知道与她相依为命的奶奶眼睛不好，想为奶奶做点事情，本身就是一个有责任感的人，只是她的方法不对。老师希望她通过好好学习，努力成为一个具有担当能力的优秀的人，才能够真正帮助奶奶，也从而证实自己的能力，而非用此类错误的做法；张同学知错能改，而且还主动帮助有困难的同学，他也是一个有责任担当的人，让我们一起给他们鼓鼓掌，好吗？"教室里的掌声持续了好久……林××慢慢站了起来，说："我错了，再怎样也不应该拿同学们的钱，老师批评我了，我真的做错了。以后，我再也不做这种事儿了，我向大家保证，我向老师保证！"她哭了。

第二天，学生们都从家拿了自己的零花钱。我引导班长，将大家捐出来的钱建立一个班级的爱心基金，由班委管理，用以帮助班里有困难的同学。班委为此开会决定，接受我的建议，并为林同学的奶奶买了生日蛋糕，当然还有林奶奶的老花镜。林同学非常不好意思地接受了同学们的帮助，悄悄对我说："我以后一定会好好学习，赚多多的钱，也像他们一样帮助有困难的人。"我记得林××那天笑了，笑得像绽放的紫荆花一样美。

三年后，她以全班第二名的优异成绩考上了我市最好的高中。

又过了三年，在一个圣诞节，我收到了一封来自名牌大学的贺卡，上面写着："老师，谢谢你那时没有放弃我，我永远记得那一年的冬天，因为学校那条路上的紫荆花开得好美啊！"我的手颤抖着，心在哽咽着，此时已是热泪盈眶……

"十年树木，百年树人"，踏上这三尺讲台，我们除了要传授知识，更要在课堂上尽可能帮助学生树立责任意识，让他们学会担当生活的责任，学会照顾他人、帮助他人，学会勇敢地面对困难，不逃避，不退缩，学会用正确的方式承担人生面临的所有责任。而我们常常发现学生面对错误时，推卸责任、委过他人的多，主动认错、勇于担责的少；面对困难时，选择逃避，绕道而行的多，直面困难，解决困难的少。这些都是学生责任心不强，不能勇于担当，逃避心理的具体表现。这对学生将来的发展会造成诸多的影响，对学生身心健康极为不利。让我们在孩子的心中播种一颗责任与担当的种子，用关爱去浇灌它吧，因为每一朵鲜花都有绽放的理由！

（作者：珠海市夏湾中学数学教师　连　枫）

我责任，我担当

"老师，老师，不好了，方雨她……老师你快去看看吧。"8班的生活委员凯欣气喘吁吁地跑到办公室对我说。"什么事？不急，缓口气，慢慢再说清楚。""老师，老师，方雨她用小刀割手，我们劝不住了，你快去看看。""在哪？""班中！"我立马冲向8班教室。8班的班长和几位同学正围在一起，中间正是方雨。她手中还拿着一把小刀，而其他同学则紧紧拽着她的双手。

"停！！"我大喝一声，一手夺下方雨手中的小刀。可能是我的突然出现，加上大声呵斥，方雨和其他同学都停了下来。我叫班长王媛，还有生活委员凯欣，陪着方雨一起到办公室来。

我先叫生活委员凯欣陪着情绪还比较激动的方雨，然后询问班长王媛，了解大概的情况。根据班长的反映，方雨跟一位男同学谈朋友，最近闹矛盾分开了。但那个男同学在Q群上发信息辱骂诋毁她，闹得全部同学都知道了他们的事情，她觉得很难堪，一时想不开，就做出了刚才的行为。了解了大概情况，我决定先稳定方雨的情绪，开始做思想工作。"生命是父母给的，我们必须爱护。先冷静，别干傻事，为不爱自己的人丢掉自己的生命不值得。你一刀下去，生命没有了，但问题解决了吗？"方雨低着头，小声地回答道："没有。""对，问题一样还是存在，根本没有解决。但深爱着你的父母这时却是痛不欲生，你的行为会深深地伤害了爱你的人和关心你的人。但伤害你的人却没有得到该有的惩罚或教训。对于你这样的行为，我们作为学校的老师，要把你这个情况跟你家长反映。""老师，可以不告诉我妈妈吗？我改！我不会再做傻事了，我答应你我不再做傻事了。"一听到我要通知家长，方雨马上急了，泪水也立马流了下来。她的行为让我感觉到她家庭有问题，或者与父母的关系比较紧张，又或者还隐瞒了什么。她的心结还没有解开，说不定离开办公室又会做出什么傻事来。"家长是你的监护人，学生在学校出了问题，我们作为老师要肩负起教育的责任，同时也要告知你的家长，他们有知情权，这也是老师责任的一部分，家长知道以后也要负起教育和监督你的责任。有责任，就要有担当。你作为一个学生和女儿，也要担当起自己的责任。现在事情发生了，我们不能逃避，逃避解决不了问题。我们和家长要一起面对，找出解决问题的方法，吸取教训，以后不要再犯。而如果老师没有通知家长，这就是我们教师的失责。你放心，我会跟你家长沟通好的。"通过反复地做思想工作，方雨终于点头认可。

通过调查发现，方雨的妈妈一直卧病在床，已经很长一段时间了。方雨在家是非常乖巧的孩子，回到家里，几乎包揽了全部家务活。方雨的爸爸是个从事建筑工作的包工头，经常在外面有应酬，几乎每天都喝得醉醺醺地回家。回到家里经常趁着酒醉对母女两人打骂，所以方雨跟爸爸的关系是非常僵的。这应该是导致方雨早恋的一个原因，同时也是方雨为什么害怕把她的情况反映给家长的原因。其实每一个学生出现早恋的情况与家庭的情况和家庭的教育有很大的关系。鉴于家庭的特殊性，我决定跟她妈妈谈了方雨现在的情况，而对她爸爸却要暂时隐瞒。她妈妈非常通情达理，也很关心女儿的成长。在了解了情况以后，她和我的想法一样，先对孩子的父亲隐瞒这一情况。我也特意提醒她妈妈要注意教育的方法和尺寸，特别是要在思想方面做引导、疏通。她妈妈答应了我。

同时，我又找到在Q群乱发信息的学生，对他进行思想教育，勒令他停止发布这些伤害他人的信息，再通知其家长做好自己孩子的思想教育。接着隔离方雨后在班里对全体学生进行思想教育，并且提出纪律要求不能再讨论与这件事情有关的问题，避免对方雨同学造成二次伤害。

后来通过她妈妈积极的配合，我多次找方雨聊天谈心。家校合作，再加上布置得力，班干部及时反馈方雨的情况，几天后方雨的情况终于稳定了下来。

一星期以后的一天早晨，当我回到办公室时发现桌面上放着一个信封。我打开一看：老师，对不起！我为自己前段时间的错误行为向您道歉，同时非常感激您对我的耐心劝导。回到家里，当我看到妈妈为我的行为而哭泣时，我或许真的明白了自己的行为是多么的愚蠢。我的行为伤害了爱我的人，也让您和其他老师担心了。您说得对，无论怎样的坎都有迈过去的一天。我应该为爱我的亲人、朋友、老师们快乐地生活下去。我不会，也不应该被一些小困难打倒。以后我将会把时间和心思放在学习上面，肩负起我作为一个学生的责任；同时多花点时间陪妈妈，希望妈妈能尽早好起来。最后我向您保证，以后决不会再有轻生的念头，更不会做出伤害自己身体的行为！谢谢您的包容和劝导，让我懂得生命的珍贵，要好好珍惜。谢谢！祝您身体健康！最后落款是：您的学生方雨。我看了这封简短的信，心中石头终于落地，也深感欣慰。

一个学期过去了，方雨开朗活泼了很多，以前那个方雨又回来了，做事情也非常积极，在班级管理方面也成了班主任的得力助手。班长还向我反映方雨还以自己的亲身经历开导了班中另外一个有同样苦恼的女同学。

每一位学生幼小的心灵都要细心地呵护，只要班主任细心观察，负责任地履行自己的职责，对有心理问题的学生进行耐心的辅导，总会收到很好的效果。同时学生也会在老师辅导过程中得到责任的传承，也学会自己的责任自己承担。

（作者：江门市江海区礼乐中学数学教师　李广志）

地球上最亮的星星

　　每一个孩子都是地球上的星星，性格不同，形象各异，潜力无穷。世界并不缺少美，而是缺乏发现美的眼睛。每一个孩子都有自己的优点和长处，只是缺少发现优点和长处的眼睛。而教师的作用正在于用眼睛去观察、用心灵去发现每一个孩子身上的闪光点，并加以真切的鼓励和适当的引导，让他们成为地球上最亮的星星。本文叙述的是一个学生与我在教育旅途上的点滴故事，是我发现了他是一颗特别的星星，鼓励和引导他散发光芒；更是他为我的教育旅途增添乐趣，让我收获感动，鼓励和激励我继续前行。

一、从缩手缩脚到崭露头角

　　小任是一个多才多艺的孩子，这是我和他相处几个月后得出的结论。七年级刚入学报到，小任的妈妈给我打电话，说孩子的小学是在东北的农村读的，可能初来乍到不适应，希望我能多加关注。后来，在一段时间的观察和交流中，发现小任慢慢融入新的集体中来，我十分欣慰。但感觉小任在做事时还有点缩手缩脚，不敢表现自己。

　　校运会临近，每个班都需编排一个节目，我们班在宣传部部长的组织下，编排出一个《小兔子乖乖》的歌舞。在所有人员都安排好的情况下，缺一位男生的领舞，这把宣传部部长和我都难住了。后来我在班会课让大家推荐谁比较合适，小任的好朋友兼同桌小声地说小任很喜欢跳舞，但小任涨红着脸连连地摇头。放学后，我约小任"喝茶"，了解到他很喜欢跳舞，他的偶像是杰克逊，他最近正在学习机械舞。我鼓励他参加舞蹈节目，相信他一定能胜任。在校运会上，他大胆自信地表现自己，在伴舞环节表现得十分出色，并为班级取得二等奖的好成绩。

　　一晃就到了元旦，我打算让学生自己组织一个元旦晚会，在分享美食的同时，观看自编、自排、自导的迎新晚会，增进班级凝聚力。我特别鼓励小任和宣传部的朵朵编排一个舞蹈节目。这一次他欣然答应，并和其他几个舞伴主动沟通，表达自己的意见。他们的认真准备和倾力付出，取得了很好的效果，赢得了同学和老师的阵阵掌声。

二、从怕前怕后到踌躇满志

很快就到了七年级下学期，具有文园中学特色的社团活动拉开帷幕了。我鼓励班上的每一位孩子积极参与，爱好演讲的小霄主动请缨创办演讲与口才社，痴迷于历史的小中也对历史风云社的组建跃跃欲试，而我心里总觉得缺了点什么。于是，我又在班上鼓励有兴趣的学生去积极地组织属于自己的社团。我说我们班现在已组建演讲与口才社、历史风云社两个团队，这都是属于"文"、"静"的方面，还缺了点"武"、"动"，只有这样，才是文武双全、动静结合嘛！

放学后，我特地找小任"喝茶"，鼓动他去创办一个舞蹈社。但他很惊讶地看着我，难以置信老师会提出这样的建议。我继续引导他，询问小任是不是特别喜欢跳舞，他认真地点头。我继续开导他，兴趣是最好的老师，你喜欢跳舞，更应该去试一试，与其参加其他同学创办的社团，何不自己组建一个属于自己的社团，可以尽情地开心地跳舞，既锻炼自己的组织和协调能力，还能交到志同道合的朋友，一箭三雕，何乐而不为呢！他听完我的分析，觉得有道理，表示可以试一试，但仍有所顾虑，进而问我，他是否能组织和管理好舞蹈社呢？我鼓励他一定可以的，任何事情都有第一次，要相信自己肯定能做好。我说天塌下来还有个子高的撑着，老师做你们坚强的后盾，就由我来做你们社团的指导老师，可以吗？他爽快地回答：太好了！为了进一步坚定小任的信心，我又做起了"说客"，鼓动我们班的宣传部部长朵朵和他一起组建舞蹈社，由小任担任社长，朵朵担任副社长。

老师的鼓舞，同学的帮助，对舞蹈的热爱，令小任踌躇满志，全身心地投入到舞蹈社的创建当中。大到社团名称确定、社团的定位与特色、招募成员的海报宣传，小到如何在招募日增强舞蹈社的吸引力、穿什么服装、喊什么口号，他都主动来和我一一详谈与交流，并认真而又严肃地询问我的意见。看着他的这份执着和热爱，一头扎进社团的筹备当中，真是像风一样的少年。

万事俱备，只欠东风。社团招新的日子终于来了，看得出小任对这一天的到来是万分期盼的。他自信满满地在我面前夸下海口，承诺我们的舞蹈社在招新日肯定会人气爆棚。社团招新日，各个社团的社长都使出浑身解数，拿出自己的十八般武艺，我们班的小霄则摆出他妈妈事前帮他准备好的水果沙拉，说起了快板，吸引了同学们的注意力，很快就完成了招新任务。小任用力地挥舞着社团标语，还时不时秀一下他的机械舞，也很快招募了十七名队员。

但招新时间过了大半，人员没有增加。这时候，小任着急地问我怎么办。我安慰他说，只要能再招三个同学，凑齐二十位社员，我们的社团就可以成立，要对自己有信心。然后，我们就分头去宣传我们的舞蹈社，他就摇着社团的旗帜喊着口号游走在学校的各个角落。我也发挥教的班级多的优势，大力鼓动还没有参加其他社团的学生加入我们的大家庭来。功夫不负有心人，最后我们社团成员达二十七人，超过了学校要求的二十人的目标。舞蹈社就这样创办成功了。

三、从一筹莫展到游刃有余

如果说社团的组建凭一股热情即可，但接下来事无巨细社团活动的开展则更是对小任的严峻考验。社团招新后的下周三下午第八节，便是社团的第一次活动。小任在招新后的第二天便忧心忡忡地来找我，对社团活动的开展一筹莫展，不知从哪里入手。我不急不慢地微笑着看着他，更让他丈二和尚摸不着头脑，不知我葫芦里卖的是什么药。我对他说，你和副社长朵朵多沟通与商量，毕竟"三个臭皮匠赛过诸葛亮"，多听一听其他同学的意见。另外还告诉他，第一次社团活动很关键，"好的开始是成功的一半"，所以第一次活动一定要给社员留下美好的第一印象。

到了周五，他再次和朵朵一起来找我，说已经想好了第一次社团活动如何开展，主要以三位社长一展身手：小任表演他擅长的机械舞，朵朵展示她最爱的爵士舞，嘉嘉则秀出她最拿手的芭蕾和民族舞。我拍案叫好，真是古今中外都齐全了呀！我还提醒他们，第一次一定要树立规则意识，一定要和社员们讲清楚。我们的舞蹈社最重要的是玩得开心，都是喜欢舞蹈的同学聚在一起玩舞蹈，开心是第一位的；在这个基础上，确保每位同学参加舞蹈社都有所收获，学到一点有关舞蹈的东西，所以在今后活动中一定要有详细的安排，以达到预期的目的；再次，在前两点的基础上，能够交到志同道合的朋友，那便是参加舞蹈社的意外收获。简言之就是十二个字："玩得开心，学到东西，交到朋友。"他们心领神会地鼓起掌声。我想，他们知道怎么做了。

到了第二周，马上就是周三下午的社团课了，周一周二两个下午，几个社长都会主动留下来准备第一次社团活动的"首秀"。周三的第一次社团活动终于到来了，他们的开场舞"首秀"十分成功，博得在场所有社员的阵阵掌声，也让正好经过的校长连连叫好！然后，小任强调了社团的要求，把二十七位社员根据他们的兴趣分成三组。一组由小任负责，学习机械舞；另一组由朵朵负责，学习爵士舞；第三组由嘉嘉负责，学习中国舞。第一次社团活动，就这样圆满地完成了。

接下来每周三下午的社团活动在有条不紊地进行着。小任也由刚开始的一筹莫展变得游刃有余了。当然，期间也有许多遇到困难的小插曲。曾经小任因有几个社员舞蹈基础几乎为零而担忧；也因有几个男生特别调皮很难对付而苦恼；还因最后需要三个组编排一个完整的舞蹈作为社团展示节目而着急。每每这个时候，我总是鼓舞他，做任何事情都有第一次，用心做一定能做好。

到了社团节目展示的最后两周，小任和社员们都是下午放学后主动留下来在报告厅编排舞蹈，对每一个动作和表情都不放过，力争精益求精。放学后，小任找到我，社团展示的舞蹈表演如果穿校服的话，没有亮点，要是有自己的服装就更好了，希望得到老师支持。我赞许他考虑周到，提议一起想办法，可以问问每位社员的意见。在下一周的社团活动中，我特地询问每位社员的看法，大家都同意去购买自己的社服。我特地发校讯通给各位家长，征询他们的意见，更是得到家长们的热情支持。小任和社员们热情高涨，在家长的引导下，利用周末时间购买到自己心仪的社服。

终于到了最后的社团展示时间，我们舞蹈社的节目排在第九个，是一个很好的位置。小任和队员们蓄势待发，做好了充分的准备，在后台激动而又紧张地等待着。第八个节目落下帷幕，小任和他们的小伙伴们上场，热情的舞蹈伴随着动感的音乐，把整个社员展示活动推向了高潮，获得了在场同学、家长和老师的经久不息的掌声。他们的付出有了最美的掌声作为回报。在学校的社团展示总结会上，我们的舞蹈社被评为学校的优秀社团，小任也获得优秀社长的荣誉称号。小任幸福的笑容，展现出的是一种阳光、自信。他将带着这种阳光和自信继续前行……

看着自己的学生经历这样的改变，可能是老师最大的幸福。以信任赢得信任，用尊重赢得尊重，去发现学生的优点与长处，让每一位孩子都成为地球上最亮的星星。

（作者：珠海市文园中学道德与法制教师　刘建庄）

第三节　学校管理

我的学校我担当
——引导初一年级新生树立自主管理校园的责任意识的教育案例

本人连续四年坚守学校初一年级的德育管理岗位，每年面对小升初1000多名新生，对如何尽快让新生融入校园，树立共同管理校园的责任意识，颇有感触。初一年级正处于从小学到初中的过渡阶段，毕业于不同的小学，习惯各不相同，并且处于从以教师管理为主，向以学生自主管理、制度管理为主的过渡阶段。新的学校，新的要求。要培养学生对校园建设的责任意识，就必须让学生参与到校园管理当中，并且包括在班级管理、年级管理、专题活动领域的参与等，进而将这些活动发展成为学生核心素养的校本培训课程。本文结合构建"校级、年级、班级"三级一体化学生会自主管理模式的工作案例，来体现如何引导学生树立校园管理责任意识。

教育主题："自我教育、自我管理、自我服务"管理体系。

创设宗旨：创新学生会建设，形成"校级、年级、班级"三级一体化的学生会自主管理模式，为学生"自我管理、自我教育、自我服务"创设发展平台。

一、实施过程

（一）建立学生会干部队伍

新生入学后开始进行年级学生会主席团成员的竞选。通过宣传动员、自主报名、班级初选、年级审核、竞聘演讲、部门竞岗、公示巡展七个环节，本着"面向全体、公正公开、能力优先、兼顾特长"的原则，选出30名学生，组建年级学生会主席团、学习部、纪检部、文体部、宣传部、生活部、礼仪部七大部门。

具体实施步骤

（1）宣传动员——通过海报、广播等方式，给初一新生宣传：学生会组织的定义和意义、各部门构成以及各部门功能等。

（2）半自主报名——考虑到初一新生处于小升初的过渡阶段，大部分学生仍然停留在"以教师管理为主"的配合意识，加上对学生会的不熟悉，报名方式采用以班主任推荐为三、自主推荐为辅的半自主方式报名，每个班有5个推荐名额（以一个年级1000人左右为基数），保证了各个班参与人员的平衡。

（3）竞选过程——采取书面初试、1分钟演讲二次面试、情境问答竞选上岗三个环节，选拔出最终的30名学生组成初一年级的学生会队伍。每一个环节的竞选方式都有所考究：书面初式，以提前设计好的报名表格，从报名者的特长、经历以及对学生会的认识等进行筛选；1分钟演讲，模拟面试会谈，在有限的时间里表述对竞选部门的认识以及推荐自己的原因；最后一个环节，情境问答，面向全年级进行公开竞选，候选人根据不同的情境问题进行解答，展现其灵活处理问题的能力。

经过三个环节的竞选，历时2个星期的正规又艰辛的竞选，所有学生都不同程度地体验了成立一个学生会组织的神圣和公正，也大大增强了作为学生会成员参与学校管理的自豪感和使命感。

（二）学生会组成结构与管理分工

采取"自下而上"的组织架构，通过公开竞选，逐级成立班级学生会、年级学生会、校级学生会。而且这"三位"——校级、年级、班级学生会是一个整体。校级指导年级、班级学生会制订计划，开展工作。年级和班级学生会是学生活动的主角，具体负责参与学校的常规管理，以及开展形式多样的学生自主活动。校级、年级和班级学生会都设有主席1人，副主席1人；每个部委都设有部长1人、副部长1人、委员若干人。

1. 学生会参与学校常规管理工作

结合学生处8项常规管理：门口仪容、单车安全、卫生保洁、两操检查、自习课纪律、集会纪律、午休纪律、考勤检查，把学生会几个部委分工到具体的检查工作中，如下表格所示。

珠海市××中学学生会各部委检查分工表

检查工作	负责部委	检查工作	负责部委
门口仪容	礼仪部	单车安全	纪检部
单车安全	纪检部	卫生保洁	生活部
两操检查	文体部	自习课纪律	学习部
集会纪律	纪检部	午休纪律	纪检部

2. 组织形式多样的学生自主活动

校园广播站由学生会宣传部负责筹建和组织每天的广播节目；接待外宾参观校园，由礼仪部协助进行校园介绍和参观；学校读书角，则由学习部带领各班学习部长参与管理。学校大型活动如校级运动会、各类主题大讲堂、"六一"班歌合唱比赛、学雷锋月义卖活动、学科周活动等，都由学生会各部门参与活动的组织和管理。

二、实施效果和反思

（一）实施效果

（1）实行"三位一体"的学生会管理制度，进一步扩大学生对校园管理的参与面，让更多的学生有学校"主人翁"意识，增强了学生对集体、对学校的责任感。"自下而上"的组织架构，保证了班级、年级到校级的执行统一性，也体现了每一个成员都是这棵学生会"大树"不可缺少的一部分。

（2）相对于小学阶段"以教师管理"为主体的模式，学生参与学校的常规管理，更利于学生把规则意识进行自我内化。每个学生干部都代表着学校的一面旗帜，获得荣耀的同时肩负着责任和使命。

（3）学生在参与学校管理工作、协助组织各项活动中，锻炼了自身各项能力，如沟通协调、领导组织、时间分配等。相对于没有从事学生会工作的学生来说，多了很多挑战和考验，激发其追求更加卓越的动力，在这个过程中不断发现自己的潜力和潜能。

（二）问题反思

1. 学生经验尚浅，容易受挫

"三位一体"的学生会构建，依然需要从初一新生开始。而刚从小学毕业上来的学生，没有真正参与过学校的管理。尤其是作为校级的学生会干部，所面临的困难，所要面对的人和事，都会超乎其当时的阅历和经验。所以，在上岗初期，缺少经验和方法，难免会遭遇很多挫折。甚至因为某些时候处理问题失当，受到其他同学的排挤和不配合。所以在初中阶段的学生会组织，需要有对应的指导老师培训和支撑。通过校团委组织，选派团委委员老师，成为学生会组织里不同部委的指导老师，对学生干部进行培训和工作指导，会让学生干部更快走上正轨，发挥作用。另外，定期分部委开展例会，由部长组织，指导老师旁听指导，对工作中出现的问题及时指出和解决，能让学生更有信心继续参与工作。

2. 缺乏完善的评价机制

参与校园管理的学生干部越多，越能扩大学生参与面，有利于提高更多学生对校园建设的责任感。但也凸显"队伍庞大，难以管理"的问题。尤其在常规管理当中，日复一日的管理工作，对于只有十一二岁的学生来说容易疲惫，产生惰性。像"门口仪容"、"单车安全"管理等较为枯燥的工作，到了学期后半段，就会出现"迟到"、'缺勤'，甚至人员无故流失的现象。针对这一问题，除了采取更细致的分层管理以及指导老师协助监督管理外，建立奖惩分明、透明完善的评价机制，更能激发和保持学生参与校园管理工作的积极性。

三、总结

"自我管理、自我教育、自我服务"的管理体系，致力于培养学生责任感的核心素养。在每日常规、主题活动中通过学生的自主管理，培养人格自尊、学习自觉、行为自律、阳光自信、卓越自强的优秀学生。这个体系的建设任重而道远，是一项长期的发展过程。在机遇与挑战面前，我们需要与时俱进、开拓创新，不断完善自主管理制度和措施，探索更佳的自主管理良方。

（作者：珠海市文园中学学生处副主任　余　冰）

"乐助蓝天"志愿服务方案

一、活动主题、口号

主题："乐助蓝天"暨北京师范大学（珠海）附属高级中学"逐梦100"团建项目志愿服务。

口号："美丽润园"是我们的名片，"乐助蓝天"是我们的志愿。

二、活动目的及意义

以党的十九大精神为指导思想，创新内容和机制，开展"举先进旗帜、树先锋形象"活动，自觉践行雷锋精神，用实际行动服务社会，热心公益，乐于奉献，积极开展志愿者服务活动，提高中学生的社会责任感与社会担当，提高公民意识。通过"乐助蓝天"志愿活动实现立德树人的目标，让学生能够在自己受到教育的同时带动身边人爱护环境、倡导志愿服务。

本次志愿服务项目的总体思路是：围绕党政工作大局和青年中心工作，立足社会主义经济社会发展需求，落实好共青团中央、教育部联合印发的《中学共青团改革实施方案》（中青联发〔2016〕17号）和《关于推进学生志愿服务工作的实施意见》（团粤联发〔2016〕32号）以及珠海市教育系统"逐梦100"团建项目有关要求，服务青年成长成才，大力弘扬青年志愿精神，创新机制，夯实基础，锐意进取，推动具有"润"文化特色的志愿服务事业的创新发展。

三、活动时间

2018年4月1日起每周日下午14：30—16：00，服务时间1小时内（班级具体前往日期校团委将提前通知，遇假期或恶劣天气时微调）。

四、活动地点

珠海市香洲区海滨公园"蓝天小屋"志愿服务站（海滨公园停车场附近，公交车站点"海滨公园巴士站"）。

五、活动参与人员

2017级（高一）班主任、科任老师、同学、家长。

"乐助蓝天"志愿服务队分组表

2017级高一年级					
第1组	第2组	第3组	第4组	第5组	第6组
1班	4班	7班	10班	13班	16班
2班	5班	3班	11班	14班	17班
3班	6班	9班	12班	15班	18班

六、活动具体内容

（1）班级的班主任、团支书、班长了解"乐助蓝天"志愿活动项目实施方案。

（2）班主任、团支书或班长利用校团委统一下发的项目PPT，在班会课期间向全班同学介绍"乐助蓝天"志愿服务项目实施方案。

（3）将"志愿活动"告知书交予家长，家长同意参加签字确认后，回执交班主任或班级项目负责人。

（4）确定班级项目负责人，统计班级参加项目名单，有家长、班主任或科任老师参加另有加分。

（5）收到校团委实施项目日期时间通知后，前往海滨公园"蓝天小屋"志愿服务站进行环保、交通指引、旅游指引志愿活动。

（6）班级队员到达集合点后需领取志愿服和环保工具，班级全体队员合影一张。

（7）两人一个小组在海滨公园内进行环保、交通指引、旅游指引等志愿活动，班级成员有1名队员负责过程摄像，劳动时间1小时内，行动前班级负责人确定好返回集合时间。

（8）返回"蓝天小屋"进行小结大合影后归还志愿服和工具，结束活动。

（9）参加完志愿活动后，班级要在负责人的组织下进行以"乐助蓝天"志愿服务的主题班会课活动。内容：参与本次志愿服务的认识、心得体会、收获与不足、总结和分享等，可以利用PPT完成。参与活动的同学每人书写一份

"心得体会"，交给团支书，班级精选三篇"心得体会"和主题班会课内容材料编辑好WORD文档，学生会将在班会课后的下一周到班拷贝。

（10）志愿服务后的班会课时间收集活动过程6～10张班级精选照片（必须有一张集体合影，其余为志愿活动过程照片），学生会将在班会课后的下一周到班拷贝。

（11）校志愿服务部将对本次志愿服务启用"i志愿"系统活动发布，参与项目的班级收到活动前往通知后，参与项目的学生周末假期登录"i志愿"系统申请参加活动，活动现场进行扫码签到，活动后进行扫码签退，志愿部为参与的志愿者登记志愿时间。

七、活动评分

"乐助蓝天"志愿服务队活动评分表

项目	评分细则	满分值
穿校服、志愿服，团员戴团徽	参与者未穿校服与志愿服，团员未佩戴团徽者扣1分	10
考勤	有迟到30分钟以上或早退现象酌情扣分	10
照片	合影和过程照片按要求上交，画面具有代表性10分	10
班级精选三篇"心得体会"和主题班会课内容材料	内容意义显著、材料完整丰富	20
班级参与人数	五人或以上开始记分，多一人加1分，满分40分	40
班主任、科任老师、学生家长参与	班主任、科任老师、学生家长参与一人加2分，最多加10分	10
总计		100

八、活动奖励

本项目活动奖励10个优秀班级集体奖；10位优秀组织者，在学生或老师组织者中评选；20位优秀志愿者，通过志愿服务和在上交优秀"心得体会"人员中评选；15位优秀指导奖。

为获奖集体和个人颁发获奖证书。

九、活动注意事项

（1）出发前负责人做好"乐助蓝天"项目活动宣传讲解通知，让班级全员了解项目方案和内容，统计好参与人数，做好分工、召集等准备工作。

（2）参加志愿服务的同学，提前了解好活动集合的时间和地点，活动后班级同学可以一同返回学校。

（3）参与项目活动时带好饮用水，保管好携带物品。

（4）往返途中注意交通和人身安全。

共青团北京师范大学（珠海）附属高级中学委员会

2018年3月

附：

"乐助蓝天"志愿服务总结

唐思敏

有一种温暖叫"红马甲"，有一种幸福叫奉献，有一种美丽叫"志愿者"。

每当我看到马路上指挥交通的志愿者，街道上捡垃圾的志愿者，微笑着为行人指路的志愿者，我都会满心欢喜。很喜欢生活在这么一个和谐温暖的社会，敬佩这些志愿者的心胸宽广、无私奉献，同时希望有一天也能够像他们一样，穿上那红马甲。

三月是雷锋月，学校组织了弘扬雷锋精神，以"乐助蓝天"为主题的志愿活动，我很荣幸能成为其中一员，参与了这次意义非凡的志愿活动。这也是我第一次穿上红马甲为人民服务。那一刻真的很美好。

我们的活动地点是珠海海滨公园对面的沙滩。按照老师的分配，有的人负责指挥交通，有的人负责清理垃圾。

活动有序地开展着，我和朋友拿着捡垃圾的夹子和垃圾袋，在晴朗的蓝天下，吹着海风，踩在柔软的沙子上，奔跑着，忙碌着，不放过隐藏在沙中的任何一个小垃圾。在活动过程中，大家是那么幸福快乐，每一个人脸上都洋溢着纯真、灿烂的笑容。

更令我们高兴的是，许多游客看到我们的行动后，也会不自觉地跟着捡起身边的垃圾。一个多小时的活动虽然很快结束了，但这份温暖、善心、文明还将一直传递下去，希望学校能组织更多这样的活动，也希望大家能积极参与。

愿我们的天空更蓝，愿我们的草坪更绿，愿我们的社会更加和谐，愿我们的家更加温暖。如果每个人都愿意奉献自己的微薄之力，那么生活将会少了风雨，多了欢笑。

"乐助蓝天"志愿服务总结

刘妍辛

记得第一次做志愿服务的场景，那是在高一上学期，我很荣幸地参加了学校的志愿服务队，去前山敬老院做义工。再一次穿上那可爱的红装时，我从未想过是以那种方式，在海滨公园里，在蓝天之下。

那天下午我和几个伙伴结伴而行，走出校园，来到了坐落在情侣路上的海滨公园。穿过熙熙攘攘的人群，在烈日下找了一阵，才看到那大片大片的鲜艳红装，他们正停留在大树下被映射出树叶阴影的蓝天小屋。穿上分发的红色马甲，佩戴上团徽，我感受到了无比神圣，甚至我的一举一动都将随着这红装一起耀眼起来。在领队老师的再三叮嘱后，我们拍完合影照便抄起工具浩浩荡荡地向四周散去，立下雄心壮志要将海滨公园打扫得一片纸屑也不留。来到草坪上，映入眼帘的是人们在阳光下沐浴的惬意场面，还有刚露出新芽的草地上覆盖着的五颜六色的垃圾，我们的工作开始了。我将废物用大钳子夹住，同伴打开黑色垃圾袋，一夹一放，垃圾纸屑就被清理掉了。我们在将近一个小时里反反复复地做着这个动作，从一开始的不熟练到后来的熟能生巧，我和同伴的默契值也直线上升。其中还有许多游客将垃圾主动扔入我们的垃圾袋中，彼此微笑着说声谢谢。两条完全不会相交的生命平行线碰撞到一起，十分奇妙。一个下午，我们哼唱着歌走遍公园的每个角落，每一句"讲文明"，每一次弯腰，每一次道谢，都成为公园里最靓丽的风景。当我们抬着"战利品"归来时，每个人脸上的自豪感是不可用言语来描述的。

三月初春，蓝天之下，披上红装，神采奕奕！这是我认识"文明"、感知"文明"最好的一次亲身经历。如今我回到校园，更应坚持红衣使者身上的精神，传承红衣美德。同时，参加这次活动也让我懂得了每个在城市里生活的人们身上肩负的"爱的责任"。向每一位城市建设者和保护者致敬！

"乐助蓝天"志愿服务心得
徐 菲

这是平凡的一天，但也注定了它的不平凡。这天下午，天空还带有一点儿灰蒙蒙的阴沉，但仿佛是向这天气证明什么似的，我们，是热情的。

转眼间，时间到了，一切都在有序地进行，在老师的组织带领下，同学们被带到了沙滩上，在公园里和马路边做着不同的事，或清理垃圾，或维护交通秩序。虽事情不同，但同学们为比尽一份力的目标却是相同的。

在活动过程中，你能看见身穿红马甲的我们遍布海滨公园，同学三两人为一组地有序行动，但奇妙的是，在这些小团体中，你看不到嬉笑打闹、吃喝玩乐、随意敷衍的现象发生，你只能看到同学们脸上紧盯地面垃圾的目光和对工作的负责。一趟下来，你能看见每个人都收获的或多或少的垃圾及路人的赞赏与笑脸。

在活动中，一切都是美好的，富有朝气，生气勃勃的样子；一切的一切，都展现出附中学子应有的样子，我们，为此而自豪、快乐。

"乐助蓝天"志愿服务心得
关小柔

我们班期待这次活动很久了，我们的心总是迫不及待地想要去做志愿活动，想要为这个城市贡献出一份自己的力量，今天让我们发挥的时候到了，向前走吧！拿着你的武器，穿上你的披甲，走起！！

对于我来说，志愿活动本就是一个善举，正如"积善成德，而神明自得，圣心备焉"所说。想要充实自己，为什么不从这些事情做起？在劳累的学习之后，我们可以干些有意义的事情来让自己感到快乐，感到放松，何乐而不为？

在环保的过程中有许多例子让我感受颇深，如在美丽的大海上，为何有那么多的垃圾。可是看见这些垃圾我却无能为力。在一些窄小的洞里却能发现一次性餐盒或是口香糖或是竹签，我想我们的城市为何变成如此模样，曾经的这里是个美丽的海滨城市，可现在海上却成了惨不忍睹的现象。

我和我的同伴在路上慢行，我们也把眼睛擦亮了，就怕在某一个角落上的垃圾没有被我们"擒住"。在路上我们捡到最多的垃圾是烟头，它遍布在每一个地方，沙子里，泥石路上，大树根下，草堆里……我想作为吸烟者的人，就不该为自己感到惭愧吗？你们吸烟污染环境就算了，吸完烟以后剩下的烟头就不会多走几步丢进垃圾桶吗？万一烟头没有熄灭，让树木着火了，让草丛着火了，肇事者又该算到谁的身上？冷风飕飕地拍打在脸上，毛毛雨滴落在我们的身上、我们的脸颊，仔细听"咕咕咕"的声音落在大海上。看来老天爷也在替我们伤心，大自然一次次地启示着我们，我们为什么不试着去改变我们的所作所为呢？

我们住在这个城市，这个城市给了我们一个温暖的港湾，所以我们有义务去守护它，阻止一切一切的破坏行动，不让别人伤害它，自己也不要去破坏它、污染它，让它回归它本该有的一切。我们的家不本该就是美丽的、干净的吗？付出我们一切的行动，让它再次成为一道璀璨绚丽的风景线吧，让它成为我们心目中最骄傲的地方！

"乐助蓝天"志愿服务心得

谭婉婷

在学校的组织下，我参与了这次"乐助蓝天"的活动，尽自己的所能去使那片美丽的沙滩恢复它原本的美。在捡垃圾的同时，传递我们的快乐和爱心，也收获着我们自己的快乐和信念，这让志愿者的奉献精神得以传承。

有人说，志愿者是"赠人玫瑰，手有余香"。的确，这一个小时的活动，让我受益匪浅：它丰富了我的个人阅历。作为一名普通的高中生，不单单要学习，还要进行全方位的素质拓展，在学习中成长，在实践中成才。而现在我肩负着的不单是普通高中生的责任，还有一名志愿者的责任。作为一名志愿者，我比普通人更多的是激情、热心和奉献精神。只有做更多的志愿服务，才能帮助更多需要帮助的人，才能收获更多的快乐。总而言之，我们要用心服务社会，传承志愿者的无私奉献精神，让这精神像阳光一样洒满社会各个角落。

（作者：珠海市北京师范大学（珠海）附属高级中学团委书记　江守洋）

我的社团我做主

——以珠海市文园中学在社团活动中培养学生责任担当素养为例

《国家中长期教育改革和发展规划纲要（2010-2020年）》强调，要着力培养学生服务国家、服务人民的社会责任感。2014年3月教育部印发的《关于全面深化课程改革落实立德树人根本任务的意见》首次明确提出各学段学生发展的核心素养，将核心素养的培养置于全面深化课程改革，落实立德树人的基础地位，对教育培养"什么样的人，怎样培养"提出了根本要求。学生发展的六大核心素养为责任担当、实践创新、人文底蕴、科学精神、学会学习与健康生活。核心素养的培养已成为新一轮课程改革的新指向，也成为新一轮课程改革的新动力。只有具备高度责任感的人，才会主动承担起对家庭的责任，对社会的责任，才会努力工作，报效祖国，报效父母。可以说"学会负责"已成为进入21世纪的通行证。文园中学在初一年级学生中开设学生社团已有十多年的历史，文园中学的社团活动已经成为珠海教育的特色项目。各类社团活动的开展，丰富了学校生活，发展了学生的个性，培养了学生的特长，对于全面推进学校素质教育，特别是培养学生自我管理、自我教育、自我发展能力，提升责任与担当的核心素养都具有积极的作用。本文以文园中学学生社团建设与管理为例，就如何落实培养学生的责任担当素养做一概述。

从2008年文园中学组建第一批学生社团开始，每年都在初一年级组建40～50个学生社团。社团数量之多，参与人数之广（初一年级全员参与，900～1100人）、管理难度之大，可谓空前。只有充分调动学生的责任担当意识，才能让学生主动参与到社团活动的过程中来，实现自我管理、自我教育和自我成长。

1. 学生自愿竞聘社长，自主申报社团项目

学校每年九月开学初进行社团活动开展的广泛宣传，本着"充分尊重学生个性特长，由学生自主组团，老师组织指导"的宗旨来创办学生社团。采取学

生根据自己的兴趣特长，自主申报项目的方式，由专业特长突出，有一定组织能力且乐于奉献的学生竞聘社长。社长竞聘要填写项目申报表，要向全体师生展示自己特长，表述社团活动计划安排，制作竞聘视频（年级统一剪辑制作播放）。通过学校综合研究后筛选社团项目，确定社长人选。整个竞聘过程，就是学生自我教育、自我成长、自我担当的过程。

2.社长组织社团超市，自主招募社团成员

学校统一公布确定的社团项目与社长人选，播放社长招募成员视频，统一组织社团超市。全体学生参与社团招募，自行选择项目。社团招募原则是：特长优先、先到先得、限制名额、统筹协调。这样办社团，克服了以往"以老师申报社团项目，学生报名参与组团"的方式中，"学生对该项目社团活动没兴趣"的缺陷。这样，社员选的都是自己喜爱的特长专业，又十分乐意去做；社团成员都是一些趣味相投、情投意合的伙伴，大大地激发了学生参与社团活动的热情和社长组团积极性。根据不同项目特点、场地等要求，每团限制一定的人数，少则10人、多则30人，以"小规模"保证活动效果。若达不到人数下限，本社团项目只能取消。

3.社团活动实现"社长负责制"，社团内精细分工"人人有事做，事事有人做"

社长是社团的第一负责人，全面负责社团活动的工作。社长的责任重大，不但要负责每次社团活动安排，辅导相关的专业知识，而且还要组织活动。就像IT公司的CEO一样，全面管理与运行着整个社团。社长要选拔若干骨干力量协助自己管理好社团，如副社长、学习委员、卫生委员、纪律委员、后勤委员等，并且进行分工，由骨干组成若干社员组，所有社团活动事项分工明确，做到人人有事做，事事有人做，人人为我，我为人人。社长与副社长根据自己的专业特长，对成员负责专业指导。这样发挥了学生的自主性，既为学生提供发挥特长、表现才能和施展个性的机会，又极大地培养了学生自我管理的能力，我的社团我操办。非专业的辅导老师的指导，主要不在专业上，而是负责组织与管理，当好社团的"参谋"与"后勤部长"，为社团活动的开展出谋划策并提供各方保障，这也大大减轻了老师的专业压力。

4.实现"目标引领制"和"项目负责制"，狠抓活动过程，保证活动结果

各社团在第一次活动前要求准备好"社团活动计划"与"成果展示计

划",制订活动过程和展示目标。要求每个社团在平常的活动中要不断积累过程作品与成果。成果因社团项目不同而异,可以是科技小制作、小论文、绘画、书法、手工作品、文学作品、电脑作品、报刊、表演、竞赛展示等多种形式。经过一定时间的活动,要进行社团内的竞赛交流或作品交流。科技类社团根据专业方向筛选有价值的科研课题,经过辅导教师(团队)和社长进行可行性分析后,确定项目组长,组长再组织社员拟订计划寻求指导,个人或分组进行实践研究,并最终完成科技作品。

每学年末(6月初)结合学校教学"开放日"进行社团活动成果展示汇报会,"开放日"向全社会开放,届时会有全体学生家长与兄弟学校教师来校观摩,现已经连续举办了八届"开放日"。表演类社团,要求每个社团至少排演出一个团体节目进行展演;科技创新类社团要求每一个学生(或三人以下合作)上交至少一项科技作品(小论文、小发明)进行展示;机器人社团要进行现场组装调试与对战;文学类社团要有优秀作品在舞台表演或结集成书供交流;摄影、书画类社团要选出优秀作品制作展板供现场展示与交流;体育类社团通过训练和竞赛要遴选选手参加珠海市中学生运动会。

"目标"就是社团的责任,教务处会组织跟踪"目标"达成情况,社团不断地落实"目标"的过程,就是学生的自我管理、自我教育从而达到自我发展的过程,也是对自己负责、对社团负责的过程。

5. 公布"优秀社团"的评选条件,对照条件,让社团在平常活动中不断完善自我,共建命运共同体,争创"优秀社团"

社团活动开展之初,学校向全年级所有成员公布优秀社团的评选条件。条件主要是三方面:一是平常社团活动开展的过程情况(如纪律、效果、成绩);二是社团成果展示汇报的情况(一学年社团活动形成的成果质量与数量);三是期末社团资料整理上缴的情况(计划、活动记录、总结、照片、视频、成果等并公布模板要求)。评选过程由教务处牵头,由年级组、学生处教师综合客观评选。评选优秀社团、优秀社长学校不分指标或比例,以质论奖,根据三方面的综合考查,只要符合要求就可评选为"优秀"。凡优秀社团的社长,才是"优秀社长",只有"优秀社团"才允许评选20%比例的"优秀社员","优秀社员"由社长主持评选,非"优秀社团"的社员不能评选"优秀社员"。评选出的"优秀社团"、"优秀社长"、"优秀社员",全校进行公开表彰，并发给奖状与奖品。

这样的一种"目标导向"的评优机制，目标清楚，责任明晰，既强调社团平常开展的"过程"，也强调社团活动的"结果"；既考虑社团平常进行的态度作风，还考虑社团活动的质量效果。只有社团平常办好了，才能成为"优秀社团"，才有"优秀社长"与"优秀社员"。这样促使一个社团的所有成员结成命运共同体，共同担当，一荣俱荣，一耻俱耻。

当然，初中学生毕竟是未成年人，其学识、水平、魄力是有限的。学校要加强社团的过程指导与管理。学校教务处、年级组要对每次活动进行巡查以及时发现社团活动中的优缺点。通过定期召开辅导老师、社长工作会议，了解社团开展的实际情况，对社团活动中出现的问题进行及时反馈与整改，保证社团活动的高效运作。

我的社团由我做主。学校的社团活动为学生提供了自我组织、自我教育、自我成长的机会与平台，培养了一大批有责任、有担当的优秀学生。这些学生进入高中之后，纷纷成为高一级学校社团骨干与学生干部。我们有理由相信，初中的社团活动为学生学会做一个有责任感的人奠定了坚实的基础。

（作者：珠海市文园中学原教务处副主任　李雄军）

把扁担的另一头交给学生

——以组织学生运动会为载体培养学生责任感的案例

作为珠海市优质初中学校，珠海市文园学校的育人目标是"致力于为未来的合格公民和社会英才奠基"，我们现共有3300名学生，为丰富校园生活，提升学生素质，我们每年都举行校运会、班歌合唱比赛，评选"感动文园十大学生"，开展评选书香班级、卫生班级等活动，各种赛事精彩纷呈，学生在各方面表现得都特别突出。

然而，每次举行大型学生活动结束后我都会听到有的班主任叹气："终于结束了！太累了，周末我得好好休息。"我听到后颇有感触，一方面赞叹班主任们兢兢业业，为活动忙前忙后，为学生呐喊助威，为学生的进步欢呼，为学生的失误伤心；另一方面我又感叹，教师、班主任们太辛苦了！比如新学年的第一次大型活动"学校体育艺术节"，学生处与体育科组的教师们检查器材，团委书记及部分青年教师担任广播员，体育科组部分教师和全体青年教师担任裁判、计分员……教师们忙得不可开交，而各班大本营内的学生有说有笑，轮到本班学生参赛，在班主任的催促下，学生们才起立呐喊助威，赛事结束，学生们依然吃零食或听音乐。

为什么学生会有如此表现呢？

我想问题的关键在于大部分学生没有成为活动的主体，只是作为被支配者，被动地呐喊助威、参与活动，心中缺少主人翁意识、责任意识，自然体会不到活动的趣味，无法理解活动的意义。活动走向"为完成活动而开展活动"的误区，没有锻炼到学生的组织、筹备等能力，没有培养学生的责任意识，这不符合我们"致力于为未来的合格公民和社会英才奠基"的育人目标。

弗雷德里克·勒努瓦曾说："生命的价值并不取决于我们完成了多少事情，而在于每一个过程中我们投入了几分心力。"那么，一场活动的价值也应该取决于让学生投入了几分心力。如果让学生在活动中多投入心力，是不是就能使活动的意义最大化呢？于是，我有了一个大胆的设想：能否让学生参与"学校体育艺术节"的组织、筹备、管理，充分锻炼他们能力，培养他们的责任意识呢？如果可行，能否将这种管理模式拓展到其他活动，强化学生的责任意识呢？

经过设计规划、具体实施，终于使学生状态迅速转变，超出预期效果。

一、实施过程

（一）设计主题，周密规划

1. 确定主题

为充分锻炼学生各方面能力，培养学生责任意识，体现活动意义，珠海市文园学校第三十九届运动会暨第二届STEM科学节领导小组决定活动主题为"我和我的祖国"。

2. 所有活动内容均须紧扣主题

召开各年级、各班级体育部部长会议，讲解运动会暨科学节安排及相关要求，要求各班根据主题确定入场式解说词、方阵表演内容、营徽设计等，所有展示内容均须契合活动主题"我和我的祖国"。

3. 增设学生工作人员

为增加学生的参与度，特别增设学生工作人员，分别担任裁判员、广播员、司线员、联络员、纪检员、卫生检查员等职务。

4. 在活动计划中，增加选拔学生工作人员及培训安排

（二）培训引领，强调责任

1. 构建"自我管理，自我教育，自我服务"的管理模式

经过各班选拔、推荐，组成学生工作人员队伍，每个组别由一名体育教师担任主裁判兼指导教师，其余裁判、记录员等工作全部由学生担任。如下表所示。

珠海市文园中学第三十九届校运会计时组工作人员表

计时组工作人员名单	
教师裁判	王××老师
学生裁判	b15：李××、廖××……
终点记录员（学生）	c17：李××、赵××……
司线员（学生）	c1：王××、陈×……
联络员（学生）	c12：李××、林××……

2. 制定学生工作人员守则，明确职责

学生工作人员守则详细如下图所示。

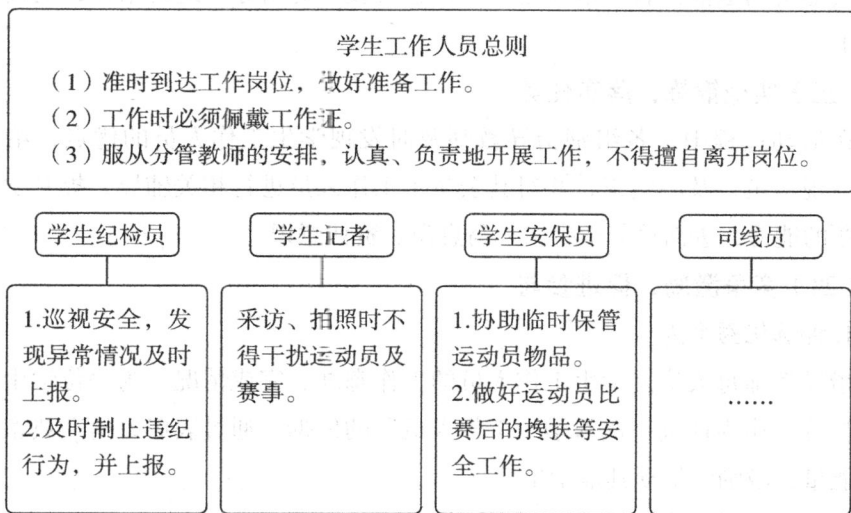

珠海市文园中学第三十九届校运会学生工作人员总则图

3. 召开学生工作人员会议，分别培训，强调责任

以学生安保组为例，召开学生安保员集体会议，通过自荐与推选两种方式，产生学生安保组组长候选人，再通过投票选举确定学生安保组组长。培训主要内容如下。

（1）每天早晨7：45，组员到主席台集中，组长考勤组员的到位情况，做好登记并发放工作证。

（2）所有组员围绕操场跑道内侧就坐，由组长分配负责区域。

（3）所有组员工作时必须佩戴工作证。当天赛事结束，组员上交工作证给组长。

（4）及时疏散围观学生，及时制止赛场上不正当的行为，同时记录违规学生所在班级，在登记表上扣除相应班级的表现分，签名并上交登记表给组长。

（5）当运动员摔倒时，如属轻伤，协助恢复比赛秩序；如受伤情况较重，需疏散围观学生，其中一名安保员立即通知校医前往处理。

（6）具体分工实行组长负责制。组长根据现场情况，调配各场地负责组员，保证所负责的工作按照要求完成。

（7）每半天赛事结束后，组员在主席台集中，各组员汇报情况，组长记录，分管教师指导组长做总结。

其他组别也依例召开集体会议，在分管教师的指导下进行培训，明确责任与分工。

（三）实操锻炼，落实任务

在活动过程中，各组别指导教师及时发现学生工作人员的优点，给予肯定；发现不足，及时纠正，并对其余学生工作人员进行相关辅导，提升学生处理问题的能力，进而培养学生主人翁意识、责任意识。

（四）竞争激励，促进参与

1. 评选优秀个人

指导教师每天依据学生工作人员的工作态度、完成情况，为每位学生工作人员打分，作为评选"优秀学生工作人员"的依据。通过表彰，树立典型，宣传正能量，激励、带动其他学生。

2. 评选优秀集体

依据班级学生整体表现，评选"优秀入场式班级"、"精神文明班级"、"最佳宣传组织班级"等，促使更多的学生由之前被动参与活动转为主动参与活动，在行动中收获快乐，从而认识到主动参与活动的重要性，树立主人翁意识、责任意识。

二、收获成果

（1）减少了教师工作人员数量，减轻了教师压力。

（2）学生参与活动热情高涨，活动状态大有改善。学生一改之前慵懒散漫的活动状态，积极参与班内、年级内活动，减轻了班主任的工作压力，降低了活动的组织、管理难度。更重要的是，在活动中锻炼了学生的组织、筹备、管理能力，培养了学生的主人翁意识、参与意识、责任意识，真正符合我们"致力于为未来的合格公民和社会英才奠基"的育人目标。

（3）通过搭建平台，给予学生展现能力的机会，发现了学生身上的优点。

（4）构建珠海市文园学校学生"自我管理，自我教育，自我服务"德育管理新模式。

本次活动的顺利开展使全体教师坚定信心，在体育考试、班歌合唱比赛、"感动文园十大学生"颁奖等活动中沿用此类模式，且取得了很好的效果，形成我们学生"自我管理，自我教育，自我服务"德育管理新模式。

三、反思感悟

（1）可优化此类以学生为主的活动模式，以"老"带新，逐届传承。

（2）人民教育家陶行知先生在《小孩不小歌》中写道："人人都说小孩小，谁知人小心不小。你若小看小孩子，便比小孩还要小。"这首诗歌充分体现了陶行知先生相信儿童、尊重儿童、理解儿童的教育思想，这是我们每个教育工作者必须遵循的原则。我们要信任学生，把扁担的另一头递给学生，同时为他们搭建平台，给予指导，才能发掘他们身上的闪光点，更好地使他们得到锻炼，得到发展。

附：

珠海市文园中学第三十九届运动会活动方案

为了丰富学生校园生活，增强学生体质，开启学生心智，促进学生全面发展，我校定于11月13日至15日举办以"我运动，我快乐"为目的的第三十九届运动会，运动会入场式以"我和我的祖国"为展示主题。

一、校运会组委会

组委会主任：校长

组委会副主任：副校长、体育科组长

组员：各处室主任、年级主任、体育教师

职责分工表（略）

二、各类评比项目及评比条件

（一）"优秀入场式班级"

（1）服装统一。（10分）

（2）进场形式自定，要有特色，表演精彩，能充分展现班级特色。（20分）

（3）队伍整齐，精神饱满，口号嘹亮。（20分）

（4）进场、出场有序（整个过程时间不超过3分钟，超时扣10分）。（10分）

（5）班级大本营处学生在指定地点观看，不喧哗、吵闹。（40分）

（6）有展现班级文化特色（营徽、班级口号等），加5~10分。

（二）"精神文明班级"

（1）服从领导，组织纪律性强，按指定位置就座，队伍整齐，比赛期间不

随意进入赛场影响比赛，比赛未结束不随意离开会场。（学生处派纪检员每天不定时抽查4次，每次抽查缺1人扣1分）。（40分）

（2）开幕式期间，学生应整齐、有序坐在班级指定位置；升国旗时，尊重国旗，庄严肃穆地向国旗行注目礼。（10分）

（3）赛事中无冒名顶替参赛事件发生，服从主裁判做出的判决。（20分）

（4）班级营地位置无杂物、垃圾，保持运动场地的清洁（学生处派纪检员每天不定时抽查4次，每次抽查缺1人扣1分）。（30分）

（5）每班学生裁判员获得"优秀裁判员"加2分/人。

（三）"最佳宣传组织班级"

（1）解说词新颖、有特色。（10分）

（2）解说词按时上交。（10分）

（3）宣传稿件数量。（20分）

（4）宣传稿件质量。（60分）

（四）"班级大本营设计奖"

（学生处不定时到各班拍照保留并评奖）

（1）口号、标语内容健康、有新意。（30分）

（2）大本营美观、整齐；用品摆放有序，挂物有特色，无学生随意走动。（40分）

（3）大本营区域范围内有垃圾回收处、饮水处、运动员休息处等。（30分）

（五）"营徽设计奖"

（1）每班领取1m×0.8m规格板，一面写年级、班级；设计另一面。粘、画内容必须是学生手绘作品，打印、喷绘设计评为0分。

（2）营徽设计必须紧扣主题：我和我的祖国。不能紧扣主题，按离题程度扣分。

（3）入场式结束，按年级区域摆放至体育馆墙边，参加评奖。结束后，取回放至各班大本营。

（4）选取营徽设计一等奖中的优秀作品作为学校文化宣传的一部分，固定陈列在体育馆墙面。

（作者：珠海市文园中学学生处主任　李召伟）

结 束 语

学校以培育学生的责任担当素养为己任，我们基层教育工作者更应该具备勇于担当精神。我们不少的教师、学校中层干部甚至是校级领导，总是感慨教育体制问题如何之多，强调"大环境不好，我一个基层教育工作者又能如何？"把体制的制约作为委过、拖沓和不作为的借口，完全依赖拷贝和引进现成的、"完美"的现代化制度为我所用，或等着中国教育现代化的"大馅饼"从天而降。

南京大学的龚放教授指出：教育的现代化和教育强国的建设理应始于足下，始于今天，始于吾辈！而不是留待他日，留待他者，留待中央！上至中央，下至教育教学一线的教师，从顶层设计到基层创新，每一个人都要在本职岗位上真正做到解放思想、开拓创新、锐意进取、敢为人先，从而才能够让顶层设计完美"落地"，让基层创新得以持久。作为教育工作者，应明确自己肩负的责任和使命，担当起中国教育在新时代的发展使命，勇于攻坚克难、寻求突破与创新，成为中国梦的践行者，现代化教育的建设者，应试教育的破冰者，素质教育的实施者，教育强国的开拓者和见证者！